U0938446

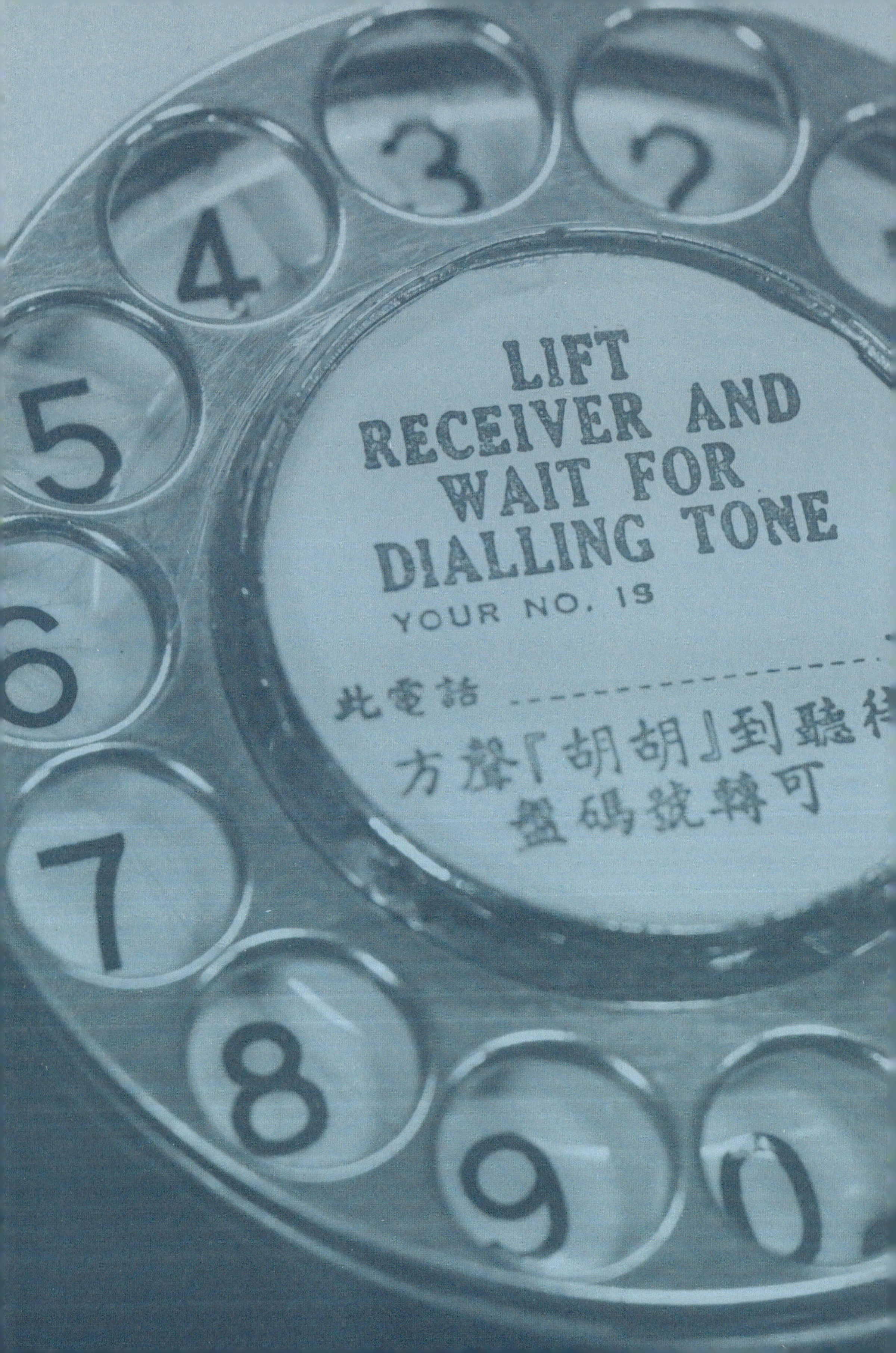

LIFT
RECEIVER AND
WAIT FOR
DIALLING TONE

YOUR NO. IS

此電話

聽到「胡胡」聲方
可轉號碼盤

閘門

余康記老木公司⋯⋯青衣工業中心⋯0-4954170
香港閘門配件有限公司⋯⋯3-858256
嘉賓商業大廈

耐火材料

民利貿易行⋯⋯⋯⋯環敦道711⋯⋯3-943140
聯生行礦產及耐火器材有限公司⋯⋯3-941986
新填地街470C

電話購物，方便快捷；
請參閱「黃頁」分類。

香港保潔香巾枱布服務有限公司
H.K. PO KIT TOWEL & TABLE CLOTH CLEANING SERV. LTD.
☎：3-436425/3-422780
首創：香巾枱布餐巾租賃
• 乾洗濕洗
• 工廠制服
• 枱布餐巾
九龍觀塘靈漢街57
熱線電話：3-325401

0-6987280
3-920732
3-628381
3-207217
5-678021
77978 5-717998
718131 5-677562
3-922283
東道1083⋯ 3-7781591
永昇工業大厦⋯ 0-270592
禾寮坑11⋯ 0-614981
新田102約⋯ 0-712851
3-7455526
匯華工業大厦2樓⋯ 3-7454368
0-4981778 0-4981268
公司
三工業大厦⋯0-4981778
0-265279

枱布餐巾批發及製造

3-664683 3-666937
0-6977786
巴域街1⋯3-7772337
5-482543
FCC公司

沃明行貿易有限公司

通用柴油機分銷公司
廣源
YIP SHIN

香港電話

早期電話史與原理

羅肇忠 著

HONG KONG TELEPHONE

目錄

第 5 章 近代通訊發展技術

前言

筆者希望將自己多年對電話的認識，加上收集而來的資訊，整理成一本較有系統的書籍，讓大家更了解電話的過去，延伸我們的集體回憶。

本書將分享電話操作原理及專題敘述，雖然有部分內容是從老前輩的口述歷史中整理，但後期參考其他文獻時得以確認相關資訊。另外，亦會分享一些筆者在電話公司工作時的親身經歷，以及一些藏品，如當年的物品、出版刊物、單張及早期剪報。由早期報章中轉載得來的資訊，日期與內容有所依據，準確性甚高。

在搜集資料的過程中，筆者確實花了很長時間，不斷整理及追尋一些零碎資料，就像將多塊小拼圖，拼湊成一幅壯麗景色的圖畫。希望本書能讓對香港電話有興趣的朋友，多一個有意義的方向，作為參考，讓香港電話的知識鋪陳更加詳盡，不致在歷史巨輪下靜靜地消失。

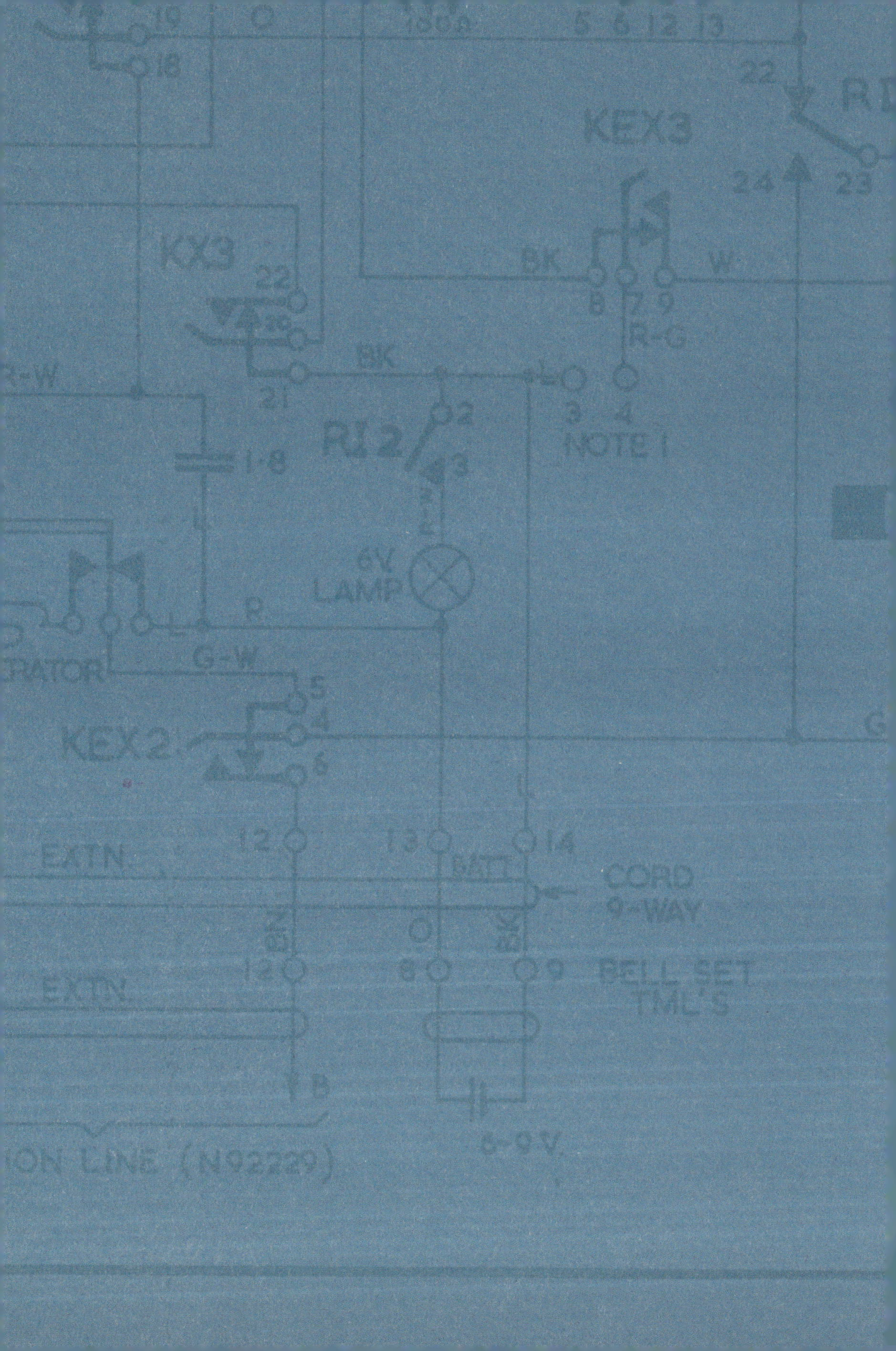
KEX3
KX3
BK
W
R-G
NOTE 1
R-W
1·8
RI 2
6V. LAMP
R
L
G-W
KEX2
EXTN.
BN
BATT
CORD 9-WAY
BK
BELL SET TML'S
EXTN.
6-9V.
ION LINE (N92229)

第 1 章

回顧香港電話史

① 電話的誕生

提到發明電話的人，有人認為蘇格蘭裔的加拿大發明家亞歷山大・格拉漢姆・貝爾（Alexander Graham Bell, 1847-1922）並不是第一個發明電話的人，在他向外界公佈成功發明電話之前，已經有意大利發明家安東尼奧・穆齊（Antonio Meucci, 1808-1889）、德國發明家約翰・菲利普・賴斯（Johann Philipp Reis, 1834-1874）及美國發明家以利沙・格雷（Elisha Gray, 1835-1901）等人，先後提交有關電話研究的文章，有幾位更已取得有關電話專利，但有些仍在理論階段，未能實踐和應用，或者應用效果不佳，甚至因無錢付專利費而放棄，而貝爾成功在美國申請幾項專利，讓他被公認為電話發明者。

1871 年 12 月，穆齊率先在美國提交了一項名為「有聲電報」（Sound Telegraph）的專利申請，此項專利註明兩個人利用兩條導線通話。但到了 1874 年因缺乏金錢延續專利而放棄。貝爾在 1875 年於美國提交了一項名為「電報發送器和接收器」（Transmitters and Receivers for Electric Telegraphs）的專利申請，闡述了利用多塊彈片振動作為簧片開關的技術。1876 年，另一位發明家格雷發明液態送話器，可惜未能在電話中應用過。同年，貝爾再申請一項改進電報（Improvement in Telegraphy）專利，內容是利用不斷變動的電流，經過零件裝置將聲音傳送。美國專利局在 1876 年 3 月，判定由貝爾獲得發明電話的專利（美國專利第 174 號及 465 號）。翌年 1 月，美國專利局再確認貝爾的電話專利中，採用永久磁石，在送話器（Transmitter）上的薄鐵片及響鐘裝置上使用。同年，愛迪生申請一項專利，內容是在電話講話時，利用炭顆粒（Carbon granule）使發送器的薄片受壓而改變電流（直流電）強弱，轉成變動電流，在導線上傳送語音。

在此再介紹一下貝爾。1847 年，貝爾在英國蘇格蘭愛丁堡一個富裕人家出生。他有兩兄弟，但都因患上肺結核病而死亡。他的父親梅爾維爾（Alexander Melville Bell, 1819-1905）是一位聾啞教師，亦是一位著名

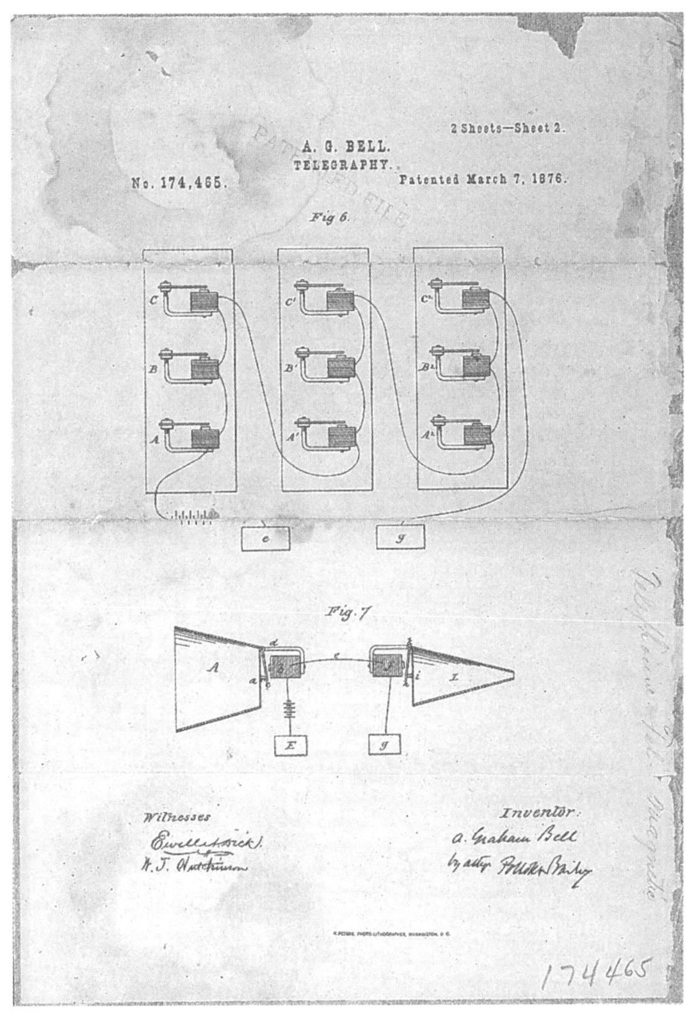

貝爾於 1876 年獲得發明電話的專利（美國專利第 174 號及 465 號）

發明電話的亞歷山大・格拉漢姆・貝爾

學者，在學術界有崇高地位，教師及作家都向他請教。他著名的學說有「看得見的言語」（Visible Speech），解釋如何利用喉嚨、聲帶、舌頭和嘴唇發出不同的聲音，有助指導聾啞人學習發聲。

貝爾的母親和妻子在不同年代都因患上猩紅熱病而失去聽覺。這相信是激發貝爾全心鑽研如何能透過一件物件將聲音傳送到耳朵的推動力。

貝爾發明電話的過程並不是一帆風順的。當時發明家格雷，擁有電報（導線傳送電訊）的專利權，並極力反對貝爾申請電話專利權。後來貝爾多次改變傳送模式，確定電報與電話傳送並無抵觸，才獲得發明電話的專利權。電報的傳送方式是透過控制固定電源的接通或斷開時間作為訊息傳遞，亦即摩斯密碼，而電話是在一固定電源中將聲波影響電流強弱變成訊息傳送。當年電報的優點是可將一段訊息在同一時間發送到 18 處地方，而電話機則只能做到一對一通話。初時，電話並不大受重視。貝爾的父親與外父曾經遊說他朝電報的領域發展，但貝爾堅持構思電話。1870 年貝爾搬到加拿大安大略省居住，繼續他的研究，一年後再搬到美國波士頓，並在波士頓大學任教，以及入籍美國。1873 年，貝爾認識了一位機械工程師湯馬士・華生（Thomas Augustus Watson），他很欣賞貝爾的電話理論，覺得憑他在機械上的技術，絕對可以將貝爾的電話構思變成事實。從此兩人共同研究「諧波電報」。1875 年 6 月 2 日，兩人終於發明了一個可以經導線傳聲及發聲的物件，這就是電話機始祖。現今的咪高峰和喇叭其實也是透過同樣的原理發聲。

多年前，筆者曾到訪粉嶺一間商業中心大堂中舉辦的一場電話展覽會，場內有多個玻璃櫃，櫃內擺設有很多款不同的電話，其中有兩樣展品很特別，就是貝爾於 1876 年發明的第一部電話的器件：送話器和受話器。雖然這兩個展品只是仿製品，但做得維妙維肖，相當引人注目。

先說明送話器的工作原理。如右頁圖（左）所描繪，錐形話筒與銅杯之間有一片拉得緊緊的羊皮紙薄膜，羊皮紙中央，有一接上直流電源負極的針狀銅杆，穿過羊皮紙，並且輕輕觸及銅杆下方的薄銅片；薄銅片與銅杯之間放入少許導電液體；杯底接上直流電源的正極。當導線連接上直流電源後，電流此時導通了，而電阻並無變化，但當有聲音由錐形話筒傳輸到羊皮紙薄膜時，薄膜表面受聲音衝擊而振動，令電阻產生強弱變化，從而使電流變動，並通過接線座傳送至受話器的另一方。這就是聲音轉換成電流的理論。

這個利用導電液體的送話器的缺點就是必須要平放，嘴巴須朝下方說話，十分不便。後來於 1887 年，經愛迪生發明用炭顆粒代替液體，稱為「Centennial Transmitter」，其優點是傳輸穩定性高，不會受放置角度影響，但體積及重量仍有待改善。

至於受話器，其工作原理是建基於「電生磁，磁生電」。受話器的構造見下圖（右），用一條很幼的漆皮線在鐵柱上繞成多層線圈，並固定在木架上，再用一鐵架伸延到鐵柱另一端，鐵架末端置一塊鋼片，鋼片底部用一根銅杆連接著一塊很薄的羊皮紙；羊皮紙在紙管頂部拉得緊緊的。當有電流流經線圈時，會產生磁場，鐵柱便變成磁鐵，並吸引鋼片，而當電流停止，鋼片回復原位。電流從另一端的送話器傳輸過來，磁鐵會隨著電流的強弱變化而產生不同程度的振動，從而導致羊皮紙不斷被拉動，便會產生聲音。就像我們童年時，用繩子連著兩紙杯通話一樣。

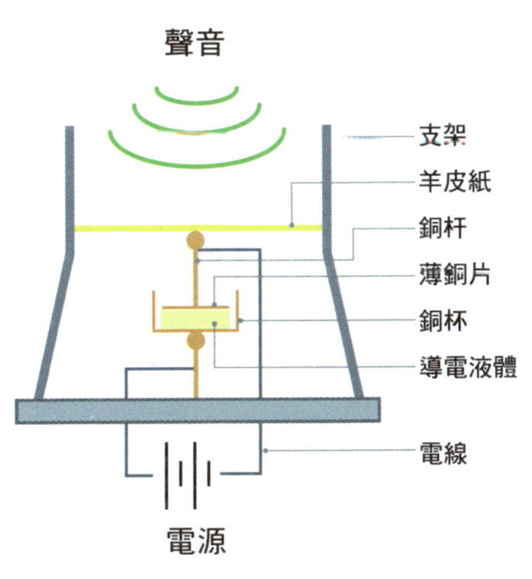

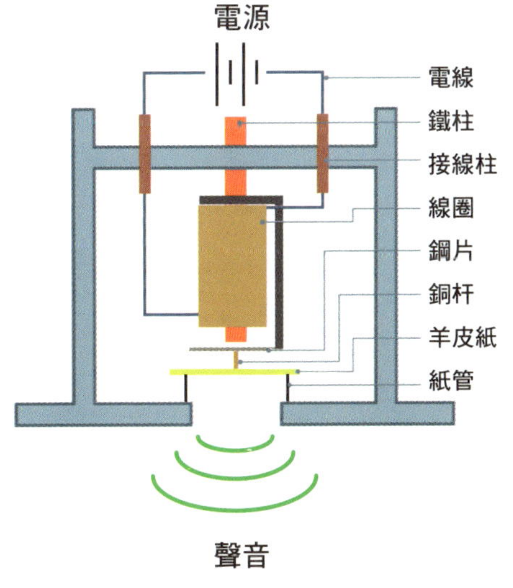

送話器（左）及受話器（右）之構造和操作理論

電話的演變：從木箱電話到亞加力膠電話

1877 年 6 月 22 日，貝爾在美國費城的百年紀念博覽會上，向公眾展示了一部改良通話質素的電話，它的外形似一個木箱照相機，木箱前端有個木造的喇叭（送話器和受話器）。說話時先對著喇叭說話，然後把耳朵湊近喇叭去聽對方說話，好像我們兒時利用紙杯以幼繩子連接起來作簡單的電話。當時電話機大多數由木造成，零件全都置於木箱內，加上形狀正正方方，所以稱為「木箱電話」。

1907 年 6 月，一名比利時化學家利奧・貝克蘭（Leo Baekeland）發明電木膠（Bakelite），並獲得專利。電木膠的物料成分包括苯酚（Phenol）和甲醛（Formaldehyde），並加入木屑混製而成，因此得名。它的特點是絕緣性佳，也耐熱，表面經打磨後變得非常光滑，日後清潔，只須用沾了少許蠟水的乾布輕輕擦拭，便能回復光潔，像新的一樣。然而，缺點是它雖然堅硬，但較為脆弱，無法抵禦撞擊，如出現裂縫，是無法修補的。而且，電木膠顏色有限，一般都是黑色為多。

製造電木膠配件的方法是將物料擠壓到鑄模內而定型，可大量生產。電木膠初期用作承托或分隔導電物件的底座，亦有用於家庭電器，例如電線插頭、插座及電燈開關掣。到了 1929 年，德國西門子兄弟公司（Siemens Brother）用電木膠製造了一系列電話機機殼、聽筒手柄及接線盒，型號為 162 號，將送話器和受話器合併在同一手柄上，而機身設計為流線形、像金字塔，取代了傳統木造電話機及燭台式電話機。其他電話製造商都以此型號作為藍本生產電話機。這個外形設計一直沿用至 1934 年。

筆者收藏的電話機約有 200 部，大多數都是 1920 至 1960 年代英國製的電話機，有些是香港電話公司曾經使過的。這個年代的電話機，材料都是用電木膠製造的。最初筆者以為英國電話製造商只有愛立信（Ericsson）及通用電氣（General Electric），後來認識了一些古董店

☎｜2號A掛牆電話（後期）｜P.132

☎｜3號A電話｜P.136

上｜木箱電話

下｜電木膠電話

的朋友和網友，他們從外國帶回來一些電話找筆者維修，當打開機殼檢查內部零件的時候，才發現還有其他製造商，而且每間製造商所生產的電話都有不同之處。就以英國型號 300 系列為例，在英國除了愛立信及通用電氣外，還有西門子兄弟、自動電話（Automatic Telephone Manufacturing, ATM），至於其他地方，就有澳洲的 Amalgamated Wireless Australia（AWA）、葡萄牙（澳門）的 Automatica Electrica Portuguesa（AEP）、印度的 Indian Telephone Industries（ITI），以及以色列的 Telrad。這些製造商都有出產同一款電話，單靠外觀很難區分，但其實它們各自都有不同之處可分辨，例如零件形狀及擺放位置、聽筒柄上的刻記等等。以下與大家分享各電話生產商的電話聽筒上的刻記。

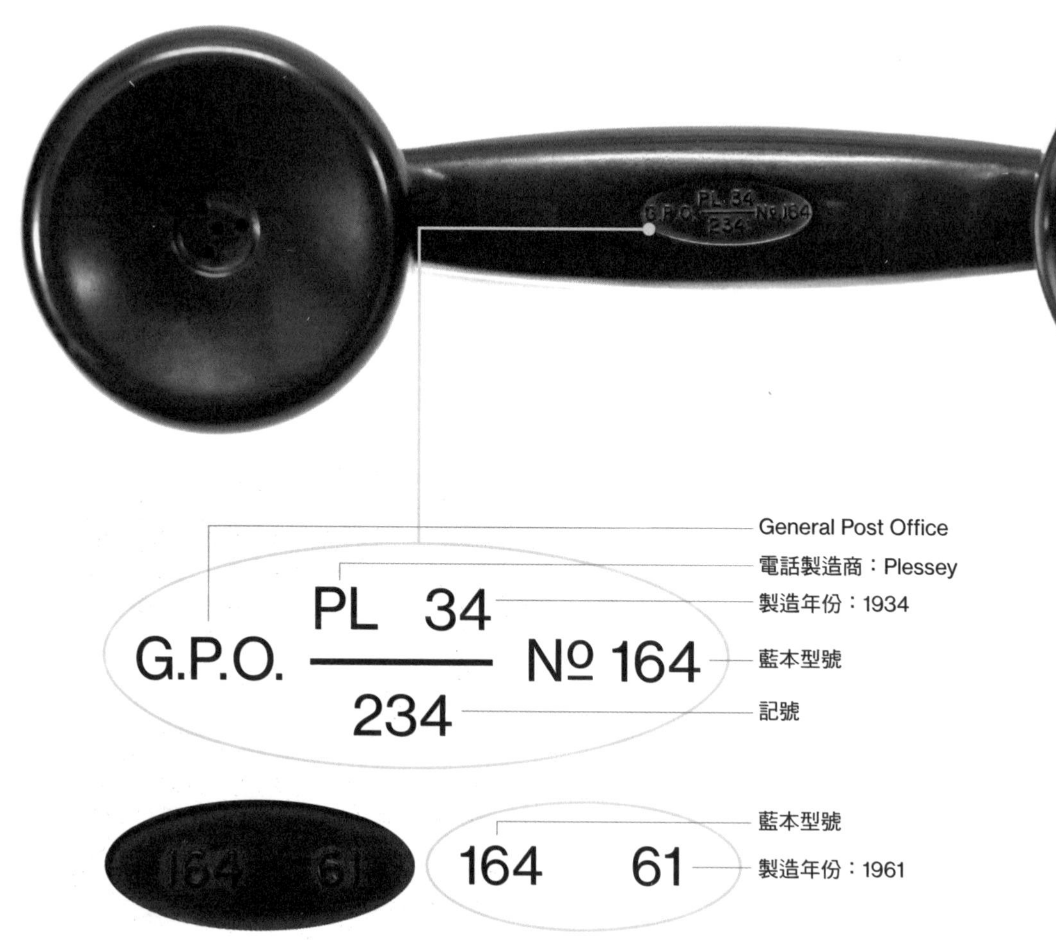

1

2

3

4

5

6

7

8

9

10

1｜1930 年代　英國西門子兄弟公司

2｜1930 年代　英國 ATM 公司

3｜1934 年　英國 Plessey 公司

4｜1940 年代　印度 ITI 公司

5｜1950 年代　英國 GEC 公司

6｜1950 年代　英國 Telephone Rentals 公司

7｜1960 年代　英國愛立信公司

8｜1960 年代　英國 Plessey（愛立信）公司

9｜1961 年　英國 GPO 公司

10｜1970 年代　美國 Dictograph 內線電話公司

022

約 1954 年開始，出現亞加力膠電話機。亞加力膠（Acrylic plastic），學名「聚甲基丙烯酸甲酯」（Polymethyl methacrylate, PMMA），又稱作有機玻璃，由一名德國化學家奧托・勒姆（Otto Röhm）在 1920 年代發明。它是一種可塑性高、透明度高的化學原料，類似於玻璃，但重量很輕；可加入顏料造成的顆粒狀，加熱後變成液態，並注入鑄模或用真空吸塑定型，使製成品顏色展現更佳效果。亞加力膠於 1948 年首次用於工業用途，此後無論工業或商業都廣泛應用。亞加力膠能製造出不同形狀和顏色的電話機，而若有輕微刮痕，只須用打磨及拋光工具，便能夠回復原貌。

☎ | 20號A電話 | P.173

亞加力膠電話機

③ 香港第一部電話和第一間電話公司

1878 年 2 月 15 日，一名政府工作文員 Jose Marin de Sliva（以下簡稱「莎菲亞」）從外國帶回一對電話機，並在中環奧卑利街住所，用空中掛線形式，接到相隔 50 米外、位於伊利近街的朋友家中，成功互相通話，效果清晰。當年的報章也有刊登這件事。[1]

莎菲亞是一位葡籍人士，在港府為任職文員，亦是英國皇家電機工程學會會員。在 1881 年，警署購買電話時，亦有聘請莎菲亞作顧問，後來政府安排莎菲亞同時任職量地處的電機技術員。

香港第一間電話公司是「東方電話及電力有限公司」（Oriental Telephone and Electric Co. Ltd.，以下簡稱「東方電話」）。「東方電話」開辦之前有個小插曲。1881 年 3 月，最早在港鋪設海底電報電纜的丹麥大北電報

Some interesting experiments were made last night, at the house of Mr. J. M. A. da Silva, Old Bailey-street, with a telephone constructed by that gentleman. The instrument is a simple one, and was entirely manufactured in the Colony. A party of gentlemen assembled in the drawing-room where wires were laid from a magnetic battery, one communicating with an upper room, the other (or earth wire) with the gas in the same room. The door of the drawing-room being closed, a conversation was opened with persons upstairs, and the questions and answers were distinctly heard. Singing was also heard very plainly, the tune easily noted, though the words were not distinguishable. "Home, sweet home" was particularly distinct. A wire was then carried to a house in Elgin-street some fifty yards distant, and the telephone having been placed on the piano in Mr. da Silva's drawing-room, part of the company adjourned to Elgin-street, from whence they heard the piano most distinctly through the telephone, though the music seemed to come from a distance. Conversation was also carried on between the gentlemen in the two houses, the words being very plainly heard. The results were most satisfactory, plainly illustrating the practicability of this last and most wonderful of new inventions. Great credit is due to the ingenious constructor of the instrument. Mr. da Silva made the telephone used last night from descriptions in the London papers, and had many difficulties to surmount from not being able to obtain the necessary materials. He does not claim perfection for his little instrument, which

當年刊登的「香港第一部電話」事件

公司（Great Northern Telegraph Co. Ltd.，以下簡稱「大北電報」）向香港政府申請私營電話專利權，政府在 6 月回覆有三間公司表示有興趣，正在審議中。三個星期後，大北電報去信港督，通知港府已與英國東方電話公司（Oriental Telephone Co. Ltd.）合併，以「東方電話電力有限公司」的名義，將在香港興建機樓及發展電話事務。但在同年 10 月，前屋宇督察阿福（Robert Gervaise Alford）表示他已與一間名為麥亞雲飛高公司（Messrs. MacEwen Frickel & Co.）成功開辦電話服務，並搶先刊報提供電話服務，市區每月 10 元，郊區收費 15 元，更偏遠的地方則另議。合併後的東方電話公司發覺他們只是向英國申辦專利權，但並未在港註冊，所以在港未算有專利權，才會讓對方捷足先登，於是馬上登報澄清已補辦專利權延至香港手續，最後獲港府批准在港島開設總機及提供電話業務。[2] 服務範圍由灣仔莊士敦道與灣仔道交界至西營盤屈地街，南至堅道及堅尼地道。合約明確訂明，東方電話要替港島警局提供 20 部分機，每部年費 25 元，總機要設立在中區警署。

東方電話所提供的「電力」，實際是指直流電，即乾電池（Dry battery），並非一般市電，即家用或企業用的一般性交流電。由於首年優先要替香港政府及警署安裝電話，並將電線掛到電線杆上，加上那時候要靠人手接線，整項工程需時一年，直到 1883 年 2 月 1 日，設於都爹利街的東方電話公司總部開始營業，才有對外電話服務。但所提供的服務，水準甚差，除了經常接錯線，應線時間也很久，等候時間更久，以致當年業務不振，客戶只得 15 戶，全是船運、保險、銀行、大商行。可見，儘管開放了對外電話服務，但普通市民甚少使用，而在華人社會裡更為陌生，不知如何形容這些「telephone」，故有「時式電氣傳聲器機」的叫法，[3] 亦有將 telephone 音譯成「德律風」。[4]

當時，外地的電話業務已經非常成功，上海客戶已近 100 戶，美國芝加哥更已近 4,000 戶。反觀香港只得 15 戶，明明已經花了很長時間培訓操作人員及工人，連同購入和安裝必要器材，投入了許多時間和金錢，效果卻仍未達到理想。[5] 由於業務一直無進展，在入不敷支的情況下，東方電話終於停辦。

1888 年 9 月 26 日，東方電話更名為「中國日本電話及電力有限公司」（The China and Japan Telephone and Electric Co. Ltd.，以下簡稱「中

日電話」），在報章上刊登復辦啟事。有趣的是，雖然它叫做中日電話公司，但它實際與日本或中國沒有任何關係。當年收費 80 英鎊一年。1901 年，中日電話與香港政府重新訂定新執照合約，生效日期是 1905 年 2 月 1 日，為期 25 年，期內要將電話總線藏在地下，並免費提供 30 條電話線給港府使用。[6] 服務地區包括全港九、新界。其間可興建總機和鋪設電話線及電線杆，以前東方電話所配置電話號碼保持不變。1904 年，收費增至每年 100 英鎊，電話可租或買。租用電話包括乾電池，乾電池要經常更換，因為電池量強弱會影響說話清晰度。另外，也要裝設響鐘裝置（有些電話並沒有內置響鐘零件）。安裝費以與總機為中心點起計，一英里以外須另加費用。[7] 中日電話當年曾向港府建議改用港幣為單位，但不獲接納。

1888 年，中日電話與大北電報合作，共用海底電纜，但線路有限，只得少量電話服務連接到九龍。當時全港用戶只得 62 戶。[8] 中日電話計劃在日後重新鋪設一條專用的過海電話電纜，為了吸引華人客戶，並開始聘請熟悉中國各地方言的接線生。此後客戶開始增多。到了 1891 年

中醫馬良孫
寓上環大馬路三百一十號門牌馬百良馳名藥丸店三樓
利商公司由後門登進（德律風第四百八十號）
甲辰年 九月

時式電氣傳聲器機告白
本公司新到時式電
傳聲機器一副自開
以來爲未有此奇物本
公司不惜重資特往
京購此以為港中
諸君耳目不日則到
演特此通知
乙未年 正月 廿一日
列志公司謹

THE CHINA & JAPAN TELEPHONE COMPANY, LIMITED.

CENTRAL EXCHANGE 13, PRAYA CENTRAL.

THE above Company's EXCHANGE is NOW OPEN for Telephonic Communication.

Rate of Subscription is $80 per Annum, payable quarterly in advance. Electrical Material of all descriptions kept in stock for Sale.

ELECTRIC BELLS a speciality.

Houses fitted up and kept in order at most Moderate Prices.

TELEPHONE MATERIAL supplied on Sale or Hire.

AGENTS for ELECTRIC LIGHTING, both ARC and INCANDESCENT.

Estimates furnished free.

H. F. HAYLLAR,
Acting Agent.

Hongkong, September 26, 1888. 1607

左｜圖中報章廣告可見中醫診所稱電話為德律風

中｜有公司在報章上刊登廣告，表示已購入「時式電氣傳聲器機」。

右｜中日電話復辦廣告

6 月，用戶號碼增至 81 戶。[9] 1898 年，清政府與英國簽訂《展拓香港界址專條》，把新界租借給英國，範圍包括九龍界限街向北，深圳河以南的土地及附近 200 多個島嶼，年期為 99 年。1903 年 2 月，中日電話再次與大北電報合作，鋪設海底電纜，更多線路接通九龍，由北角海景酒店側下水，到紅磡黃埔船塢旁登岸，全程一英里。海底電纜有八芯，重八噸，工程由大北電報代鋪，到了岸上再另聘承辦商將總線從地下鋪至彌敦道機樓。[10] 跨海電纜開通至九龍後，九龍用戶有 27 戶。[11] 1917 年間，電話費仍是用英鎊計算，中日電話再與港府接洽請求改用港幣收費，經多年接洽亦無結果。後來中日電話向政府申請延續專營權，並以機樓設施及維修價格成本大增為由而提出加價，經多次與政府商討仍未解決。立法局警告若中日電話不依商務聯會收費建議，期滿後將不獲續約。[12] 1920 年 4 月，中日電話公司技術員罷工，起因是公司華籍工人與外籍技工薪酬不同。[13] 經過兩天員工代表與管理層開會後，未能達成協議。[14] 翌年 3 月，中日電話的電話用戶已達 4,302 戶，港島客戶 3,700 戶，九龍 602 戶，電話號碼已有四位數字。同時，中日電話屢接投訴，被指經常接錯線及亂響鈴聲，要求改善服務。[15] 到了 1922 年，香港 65 萬人口中，電話用戶已增至 7,000 戶。當時中日電話堅持加價 70%，理由是營運成本增加，以及興建龐大的中央電池系統費用昂貴。雖與港府多次談判，仍拒絕減費。1922 年 10 月，香港政府不再只是警告，而是直接通知中日電話公司，若不接納商務聯會所提議收費，約滿後將不獲續約。[16]

1925 年，由於與香港政府未洽談好條件，中日電話續辦一事一度暫停。後來，中日電話英國主席到港，繼續談判有關電話費事項。[17] 同年 2 月 20 日，政府最後決定另組織一家新公司，斥資約 500 萬元，以接辦中日電話之業務。舊公司由新公司承購，發給股票為代價，但須先經新公司股東同意，再提交定例局（即今天的立法局）委員，通過後，政府方能批准，而所定電話費率亦要商會核准。[18] 最後，中日電話拒絕讓步，立法局委員會正式同意，由香港電話有限公司於 1925 年 7 月 1 日接辦，擁有 50 年專營權，為本港市民提供及經營電話服務。[19]

香港電話有限公司續辦

香港電話有限公司（以下簡稱「電話公司」）在 1925 年 7 月 1 日成立，當年電話用戶已增至 9,023 戶。電話公司重新與港府簽訂新條款，以港幣收費，並計劃將所有市區架空電纜線改為以地下電話電纜接駁。皆因以前所有電話線是光身鋼線，沒有絕緣保護，加上電話線從屋中延伸到露台後，是直接接到街上的電線杆上，而電線杆是豎立在馬路旁的，每當颱風吹襲或大風雨期間，架空電纜容易拉斷、墜下或纏繞在伸出的招牌上，對街上的車輛及途人構成危險，維修時亦倍增困難。若電纜改為埋藏在地下，也可減少維修工程或更換電纜對交通或行人的阻礙。除偏僻地方仍採用電線杆，市區全部採用地下電纜接駁；機樓採用 Strowger（史端喬）自動接線系統，同時增加九龍海底電纜的數量。整個工程預計於 1930 年完成。接線生年代亦將告終。[20]

香港電話於 1929 年公佈，所有用戶電話機的乾電池將轉為由機樓中央電池供應，好處是由電話機樓統一提供穩定電源，能確保通話清晰。最初，每部電話必須有一組乾電池（電芯）連接，由於電的強弱會直接影響通話質素，所以須經常更換乾電池，較為麻煩。[21]

左｜1890 年左右的紐約街頭，可見懸掛了很多架空電話和電報電纜，若把所有電纜置於地下，則會整潔很多。

右｜牆上的電話機及下方的電池箱

1930 年，自動接線系統因工程延誤，直到 5 月 5 日才正式啟用。在首兩天，用戶未能適應新系統操作，令電話機及線路大混亂，最後要特別設課程示範操作才穩定下來。前兩日求教人數共有約 2,000 人，直至第三日，情況已有改善，客戶明白如何使用，求教者減至 300 餘人。[22] 但卻出現另一問題，當時華人對撥盤上的英文字母及阿拉伯數字感到困惑，電話公司於是特別向廠家訂製一款印有中文數字的號碼撥盤，並在電話號碼紙上加印如何使用電話短句提示。[23] 由於新機樓自動接線系統啟用後，號碼數量可增至上萬個，為免造成混亂，電話公司按先前的計劃，把現有的電話號碼由兩位、三位及四位數字號碼，一律改成五位數字。

1930 年 7 月，海底電纜由港島通至九龍敷設成功，電話公司將在九龍區增設多一座機樓，地點是油麻地彌敦道。當年用戶已增至 12,000 戶，港島佔 8,000 餘戶，九龍佔 3,000 餘戶。[24] 1930 年代，各業不景氣，華商會及各界要求電燈、電話、煤氣減價。[25] 後來發生第二次世界大戰，香港飽受戰火重創，電話用戶由戰前 15,000 多戶，戰後減至只有 6,000 餘戶。由於建設受到嚴重破壞，重建需時，地下電話線路部分受嚴重損毀，而當時全港可使用的電話機只剩 7,000 多部。[26] 香港使用的電話的物資及零件，包括電話機、機樓接線系統及地底電纜，全部靠英國進口，而英國在二戰中被德國猛烈轟炸，範圍遍及英國的各大城市和工業中心，恐怕數年間也未能恢復。據筆者認識的電話公司的老

起初，撥盤上的是英文數字及阿拉伯數字（左圖），電話公司特別訂製了一款印有中文數字的號碼撥盤（右圖）。

師傅口述：「在嚴重缺乏零件維修下，香港電話的零件都是從舊機零件左搬右拆，再組合而成。在那時，電話公司曾經呼籲持有電話機而未獲配線者，先交還給電話公司，若日後地下電纜修復後，申請會優先處理。」1940 年代中期，戰後市面安定下來，電話需求激增，要求安裝電話的申請大量積壓，導致黑市電話交易甚為普遍，甚至有人願意出數千元，要求轉名及搬遷電話到新地址。當年數千元可買一層樓房。[27] 由於黑市賣買及非法遷移電話等案件太多，電話公司發出通告，表示並無授權員工向用戶收取電話遷移及維修費用，工作時亦須出示工作證件，若市民有所懷疑可即刻舉報。另一方面，新界電話線亦經常被盜竊，直接影響新界電話發展計劃。[28]

從最初 1882 年 15 個客戶，到 1994 年突破 300 萬用戶，電話號碼增至八位數字，增長相當驕人，過程中遇到不少困難，最終都能一一解決，以下將逐一與大家分享。

⑤ 電話荒

一個完善的電話網絡，必須具備三個條件，三者不能缺一：

（一）電話機（Telephone apparatus）：每個電話機都會編配一個電話號碼，此電話號碼是獨一無二的；
（二）機樓（Automatic switching system）：它是由多組接線系統組合而成，組與組之間需要複雜連接，數量會受電話號碼規限；
（三）導線（Conductors）：是指連接電話機與機樓的線路（包括地下電纜）。

戰後英國逐漸恢復物資和零件供應，只是英國本土電話供應也非常缺乏，每次送抵香港的數量很少，只能配置給小部分的客戶，加上增建機樓、安裝系統及鋪設地下電纜需時，施工時間遠遠追不上申請數量。這個情況持續了一段很長的時期，稱為「電話荒」。

每次公佈輪候數字有增無減，給人印象並無解決之策，後來電話公司改變公佈形式，將輪候者按地區分類，例如港島某區有 XX 人在輪候，當該區的機樓落成後，將提供 XX 條線路。分區後每區的輪候數字自然較小，讓該區市民容易接受一些，感覺情況有所改善。根據 1947 年 4 月統計資料，電話用戶已回復至 16,350 戶。電話公司計劃港島區擴充 28,000 條線，九龍方面則會增至 5,100 條線。[29] 翌年 7 月，為了減低申請電話輪候時間，於是推出多項臨時解困措施，其中一項名為「姊妹線」（Party Line），即兩個電話號碼共用一條地下電纜。優點是「一線兩用」，可增加電話號碼數量，但效果並不理想，因為當一方在傾談中，另一方提起聽筒，便可聽到對方的談話內容，令到雙方經常為爭用電話而引起衝突。[30] 詳情在第二章再作分享。另一項措施是，電話公司提供少量「單程入線電話」，此等電話編有電話號碼，不設撥盤，只能打入，不能打出，但安裝仍收全費。當有足夠電話器材，而地下電纜也接通後，即可換回正常電話機。[31]

G.E.C.
MADE IN ENGLAND
H.K. TEL. CO.

單程入線電話

1949 年，港九電話已增至 17,000 多戶，但輪候者仍有 5,000 多人，「電話荒」尚未解決，其中有人已等了三年之久。[32] 同年 10 月 4 日，位於尖沙咀金馬倫道的新電話機樓落成前，突然被英軍徵用作軍方醫院，後來又改為高級軍眷住所，打亂了九龍電話發展計劃。

1950 年 6 月，電話公司主席在股東年會上宣佈，將購置新機樓自動接線系統，號碼可增至 30,000 戶，希望在三年內解決「電話荒」。[33] 新購的自動接線系統已是電子化，體積較舊款機械式系統小，電話號碼數量則可大大增加，有助減低輪候時間。1951 年全港電話用戶數目增至 30,000 戶，但仍供不應求。[34] 由於金馬倫道電話大廈尚未解封，新編電話號碼未能使用，導致九龍申請者仍有四五千戶。1952 年 2 月，經雙方商議，英軍同意讓高級軍眷遷移至九龍仔山畔建築中四座宏偉營房大廈，金馬倫道機樓即可解徵。[35]

當年電話黑市價仍高企在四五千元。電話公司為杜絕利用轉名及遷移電話機，作為高價出售以圖厚利，申請須由電話公司高級職員親自審核，若無確實理由，電話公司不會接受更改申請內容。1952 年 6 月，由於本港中區及東區電話機樓線路繁忙，機組不勝負荷，電話公司在銅鑼灣

電話知識趣談 …………… **牆上的電話箱**

除了電話公司推出的姊妹線「一線兩用」，以解決燃眉之急，原來民間也有「一機兩用」之法。對商家而言，沒有電話就等同於沒有生意，一機難求下，想出向隔籬店鋪租用電話的辦法。在兩間店鋪之間的牆上鑿出一個空洞，並裝上一個木箱，箱內放置電話機，兩側各設有掩門，這樣雙方都能使用電話，這就是「一機兩用」了。有些還會在木箱旁加裝一個按掣，當來電者是找隔籬店鋪的，只須按掣通知對方。雖然這個做法與電話公司的租約有抵觸，但每次維修電話時客戶都會把另一邊的門關上，看似只是一個普通的箱子，維修員也不能拿他們怎麼樣。

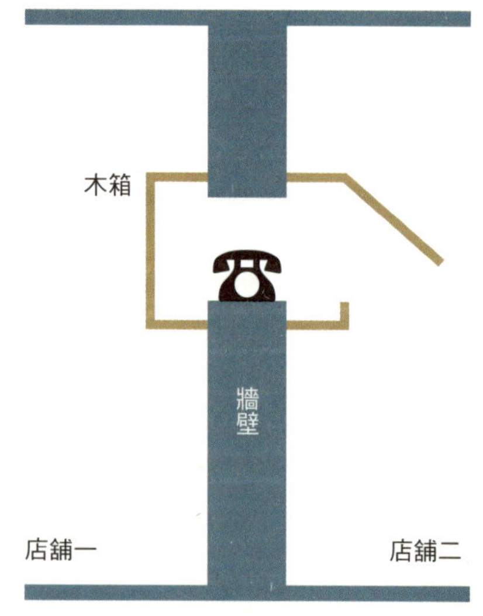

木箱裡安放了一部電話機，供一牆之隔的兩間商店使用。

禮頓道電話機樓加安一組有 6,600 條線路的「輔助總機」，暫解決東區「電話荒」，但其他區仍待設法。到了年底，電話公司展開龐大擴建計劃，分別在東、中、西區設三個主要機樓；九龍方面，除現有的窩打老道機樓外，待金馬倫道機樓解徵後，先前預先安裝好的系統即可運作，主要負責九龍區電話供應。[36]

電話公司在 1950 年代大規模鋪置地下電纜，並在每區興建電話機樓，因為每建成一座機樓，就可新編一組新號碼，既可增加電話號碼數量，又可減輕其他機樓的負荷。在遠郊新界地方，例如粉嶺、上水及沙田區，將先裝設一組較小的臨時自動接線總機（見後頁圖），只要將地下電纜伸展至各地點，便可提供電話服務。此外，電話公司於短期內進行兩項試驗，一是在新界正式試用超短波無線電，以為此等偏遠地區的電話通訊之媒介。另一試驗是在港島計劃設置公眾電話亭，如果反應良好，將繼續增設。[37]

1940 年代末至 1950 年代初，抵港難民人數日增，那時樓宇高度有限，只得三四層樓高，迫使大量人士在山上搭建木屋居住，形成港九多處都有大型木屋區，申請安裝電話個案亦隨之急增，就算電話及器材多次運抵香港，亦遠遠追不上申請速度。經過 1953 年石硤尾木屋區大火後，香港政府決心在港九新界興建大型公共屋邨，清拆木屋區及舊樓宇改善居住環境，因此電話網絡隨之擴展到港九及新界不同地區。1954 至 1959 年，短短六年先後建成 15 個屋邨，提供 72,297 戶：港島四個屋邨，提供 6,172 戶，九龍 11 個屋邨，提供 66,125 戶。每戶申請安裝一個電話，已是很大數目。

電話公司雖已加速興建分區機樓，但鋪設地下電纜亦非短時間可解決，事先要有周詳的地區發展計劃，並提交圖則到工務局及地政署，待審批後，才可招聘承辦商進行工程。當時鋪設地下電纜是先掘一坑道，放置混凝土造的管道，再靠人手拖曳地下電纜，逐寸拖動向前，非常辛苦。掘地鋪線期間，有時會影響路面交通；遇到特別硬的石層，會拖慢進度。為了避免日後因擴展而再次掘地鋪設管道，當鋪新的道路時，都會預先放置多一條管道及分段井位，日後每次加設新線或維修時，就不須再次掘起路面放線。

1954 年 1 月，電話公司之前向英國訂購之通訊器材，大部分已運抵，並在多區進行安裝，北角堡壘街至東區機樓之地底連線擴展工程快將告竣。[38] 地下電纜由東區向北角伸展，經筲箕灣連至淺水灣及赤柱。九龍則以金馬倫道機樓開始，鋪設地底總線伸展至新界沙田等處，工程相繼完工。港島可增加 9,000 個號碼，九龍則可增加 5,000 個號碼。同年 6 月 25 日，荃灣電話機樓落成，地址在今天荃灣地鐵站新之城對面荃錦公路。1954 年 3 月底，本港電話機共有 30,983 戶。[39] 新界電話網已逐漸完成，地區包括荃灣、大埔、元朗、粉嶺、上水、沙田、長洲等地區。[40]

電話公司在 1955 年向報界透露，電話不敷應用原因非缺少電話機，實為電話地下電纜及機樓不夠用所致，電話公司力謀補救。[41] 為了紓緩輪候時間長的問題，電話公司曾在 1948 年起推行「姊妹線」，但反應欠佳，為了誘使舊客戶願意分享線路，費用稍作調整。另有一項「先安裝後開通」計劃在中環及東區試推行。當指定客戶已成功申請電話，並已繳交費用，電話公司會預先派員工上門安裝電話機，但暫未接通，待線路工程完成後，經測試後即可啟用。[42] 此舉可加快申請進度。

位於新界北區粉嶺馬尾下村的臨時自動接線總機（圖片來源：作者藏品）

到了 1958 年，本港有關當局為照顧一些手工業之發展，減輕市民的經濟、租金負擔，便在深水埗及長沙灣開闢工廠區，興建多幢七層徙置工廠大廈。電話公司計劃在徙置工廠大廈內裝設總機，接至各商戶，務求以低廉的價格提供電話服務，便利他們拓展對外業務。如計劃理想，將推行至其他工廈。[43] 據筆者的前輩口述，此計劃最終並無實行，因為若要在工廠大廈單位內裝設總機，就要準備好一間冷氣、照明長開 24 小時、高度防塵的封閉式房間，室內規格要求甚高，消防設備不能澆水，而且系統要定期檢查，租金、管理費用昂貴，開支大增，所以一直沒有實行。

1959 年，全港共有 85,391 戶電話用戶，發展計劃仍不斷在進行中，在缺乏資源情況下，醫院、政府機構、醫生、教士等之申請，必當優先處理。[44] 1965 年 7 月，有 28,000 戶等候安裝電話，全港電話數量達 22 萬條線，每年增長 23%。[45]

擴展新界電話服務工程，自 1954 年開始按步推行，專為新界電話而設之地下電纜，經獅子山隧道伸展至沙田，路程及成本大大縮減，安裝電話數字將比現時增加兩倍，換言之，該項工程完成後，新界「電話荒」情況，即可解決。[46] 而黃大仙及九龍城缺乏電話線路情況最為嚴重，截至 1967 年 3 月，仍有約 37,000 人輪候。

當年正在運作的機樓分別在灣仔、北角、香港仔、山頂、大澳、長洲、尖沙咀、紅磡、九龍城、機場、窩打老道、青山、清水灣、粉嶺、沙田等地方。稍後，再有長洲、坪洲、南丫島、大澳、銀鑛灣、摩星嶺、筲箕灣、赤柱、英皇道、黃大仙及元朗等地的機樓將啟用。[47] 待 1967 年底筲箕灣機樓落成，以及 1968 年下半年英皇道機樓啟用後，北角之「電話荒」將成陳跡。至於九龍方面，要待黃大仙機樓在 1968 年 6 月啟用後，「電話荒」情況才可改善，而旺角區則需較長時間，因地下電纜尚未運到。1968 年 3 月底，全港電話數量達 280,825 條線。

1968 年 11 月，本港平均每 100 人便有十戶擁有一部電話（家居電話），在亞洲而言，僅次於日本。[48] 1969 年，電話公司在年度報告中透露，全港共有 502,374 部電話，即約每 100 人擁有 12.45 部，而日本則為每 100 人擁有 18 部。[49] 1969 年 12 月 20 日，大坑西木屋區大火，1,500 人家園被毀，災民即日獲得徙置，申請安裝電話壓力即增加不少。[50]

1970 年 11 月，藍田邨第 15 座徙置大廈正式啟用，該大廈外牆上繪畫了一條龍，標誌著第 500 座公屋大廈落成。其實，每當有一個公共屋邨落成，附近隨之興建一幢新機樓，地下電纜與線路也同步進行。然而，輪候數字仍然一直居高不下，是因為欠缺人手處理接駁工作。一個屋邨動輒一萬幾千伙，由其他地方遷入，電話新舊兩地一拆一裝，極需相當多的人力，所以自 1970 年代開始「電話荒」的原因已不是缺乏物資或器材（電話機、地下電纜及機樓），而是人手問題，「電話荒」一詞，已不再在報章出現，取而代之的是「輪候人數」。

想當年，筆者被派遣到新機樓總配線架（Main distribution frame, MDF）做「走線」（Jumper man）工作，全日分三組工作。機樓線路相當複雜，當時有很多人擠在一個線架旁拉梯放線忙個不停，也得去接駁客戶號碼，經地下電纜到客戶樓宇。

⑥ 電話號碼演變過程

幾年前，筆者在一間售賣舊雜物的店舖中找到一張 1882 年，屬於澳洲中國東延電報（Eastern Extension Australia and China Telegraph Co. Ltd.，下簡稱「東延電報」）的單據，上面的登記電話號碼是 14 號。後來在一份 1889 年的英文報紙中的香港電話用戶名單，再次看到東延電報的電話號碼是 14 號，更發現《士蔑西報》的電話號碼是 1 號。[51] 據說，因為《士蔑西報》詳盡報道東方電話公司的開辦過程，所以後者配以 1 號電話號碼作為答謝。[52] 由此開始，筆者對電話號碼的歷史就更感興趣了，集中搜尋有關文件，希望有日可整理編製出完整的香港電話號碼發展過程，分享給更多人。

1888 年 9 月，東方電話因財政困難而倒閉，將專營權轉讓給中日電話公司，但以前所有舊客戶電話號碼不變。[53] 1903 年 2 月，中日電話與大北電報局合作，共用海底電纜，將電話服務連接到九龍半島。由於線路有限，用戶不多，計劃在日後重新鋪設一條專用海底電話電纜。[54]

1905 年 9 月服務延伸展至九龍，當年九龍用戶只有 27 戶。由於九龍另增設一部總機，電話號碼會相同，為避免混淆，當接線生應線時，要清楚說明是九龍電話號碼，港島電話號碼則稱總局號碼。[55] 從後頁圖的廣告可見，羅氏洋行留下的電話號碼有兩個，分別是「電話總局貳七」和「九龍車房 K 八六」。當中的 K 即是指九龍。一份 1922 年英文報章廣告顯示，C（Central）字代表港島區，K（Kowloon）字代表九龍區，以及 P（Peak）字代表山頂區。[56] 由於半山當年只有外國人居住，所以沒有中文字代表山頂號碼，只用 P 字作為代表。

1929 年 1 月，電話公司表示，將在 1930 年初，當安裝自動接線電話機樓後，所有電話都會改成五位數字號碼，大大增加號碼數量，應付將來的電話用戶需求，而港九所有電話號碼都不會相同，不須再用地區字頭去區分。這也就是以數字作分區號碼的開始。山頂區電話，會改用

「28」和「29」字頭；港島區電話，會改用「20」、「21」、「26」和「27」字頭；九龍電話，會改用「56」和「57」字頭。[57] 例如，山頂號碼 P1 號會改為 28001，港島號碼 C1 號，改成 20001 號，九龍號碼 K1 號，則改成 56001。筆者收藏紙品中，有一個信封上顯示電話號碼為 C254（見右頁下圖），C 字代表港島區，那這個號碼便將改成 20254。

戰後人口激增，市區迅速拓展，商業及住宅電話需求供不應求，電話公司擴展電話網，在不同地區興建電話機樓，現有機樓則改善系統及重新規劃服務範圍，包括更改號碼。改變號碼的原意是，每當有新機樓落成啟用，該區都獲配新字頭區碼，電話號碼便可大大增加，而在此範圍內的舊號碼都要轉到新機樓運作，所以電話號碼就要更改，更改後的舊電話號碼，便可退回重發給其他申請者。

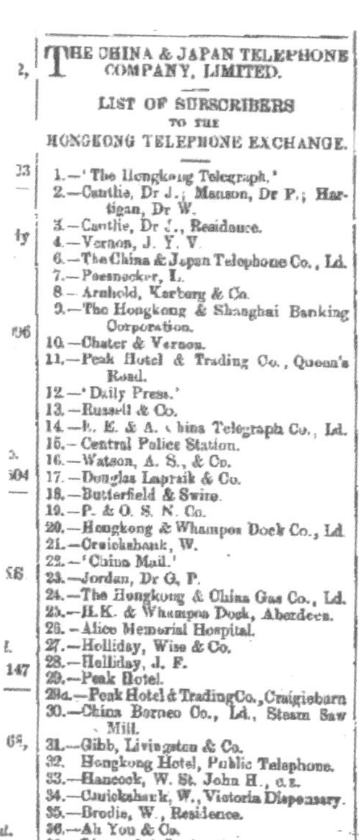

THE CHINA & JAPAN TELEPHONE COMPANY, LIMITED.

LIST OF SUBSCRIBERS TO THE HONGKONG TELEPHONE EXCHANGE.

1.—'The Hongkong Telegraph.'
2.—Cantlie, Dr J.; Manson, Dr P.; Hartigan, Dr W.
3.—Cantlie, Dr J., Residence.
4.—Vernon, J. Y. V.
6.—The China & Japan Telephone Co., Ld.
7.—Poesnecker, L.
8.—Arnhold, Karberg & Co.
9.—The Hongkong & Shanghai Banking Corporation.
10.—Chater & Vernon.
11.—Peak Hotel & Trading Co., Queen's Road.
12.—'Daily Press.'
13.—Russell & Co.
14.—E. E. & A. China Telegraph Co., Ld.
15.—Central Police Station.
16.—Watson, A. S., & Co.
17.—Douglas Lapraik & Co.
18.—Butterfield & Swire.
19.—P. & O. S. N. Co.
20.—Hongkong & Whampoa Dock Co., Ld.
21.—Cruickshank, W.
22.—'China Mail.'
23.—Jordan, Dr G. P.
24.—The Hongkong & China Gas Co., Ld.
25.—H.K. & Whampoa Dock, Aberdeen.
26.—Alice Memorial Hospital.
27.—Holliday, Wise & Co.
28.—Holliday, J. F.
29.—Peak Hotel.
29a.—Peak Hotel & Trading Co., Craigieburn
30.—China Borneo Co., Ld., Steam Saw Mill.
31.—Gibb, Livingston & Co.
32. Hongkong Hotel, Public Telephone.
33.—Hancock, W. St. John H., c.e.
34.—Cruickshank, W., Victoria Dispensary.
35.—Brodie, W., Residence.
36.—Ah You & Co.
38.—Linstead & Davis.
39.—Foster, F. T. P.
40.—The Borneo Company, Limited.
41.—Adamson, B. H. & Co

1889 年香港電話用戶名單

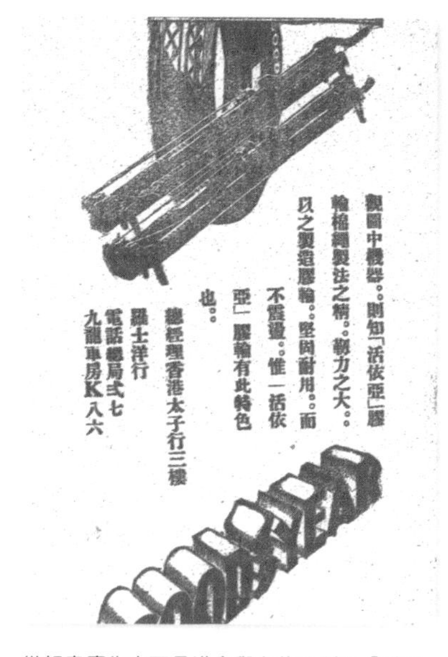

從報章廣告中可見港島與九龍分別用「總局」和「K」（九龍）去區分號碼

Form for Deferred Plain Language Telegrams

HONGKONG STATION.

Telegraphic Address: "EASTERN"
Telephone Number: 14

3, Connaught Road, Central.

THE EASTERN EXTENSION AUSTRALASIA & CHINA TELEGRAPH COMPANY LTD. INCORPORATED IN ENGLAND.

No.	Words
Date	
Code Time	Charge

Sent at

No. and Circuit

By

Via Eastern

Official Instructions.

Notice:—This Telegram cannot be accepted unless the Declaration at the foot of the Telegram is previously filled in and signed by the Sender.

To Receiver's Name

Address

I hereby declare that the text of the above Telegram is entirely in plain language (the language used being * ......) and that it does not bear any meaning other than that which appears on the face of it.

I request that the Telegram may be forwarded on the faith of the foregoing declaration and subject to the conditions printed on the back hereof by which I agree to be bound.

Signature and Address of Sender

Not to be telegraphed. * State here the language used. [P.T.O.]

All important Telegrams should be repeated.—Quarter rates extra charged for Repetition. To prevent mistakes attention is called to the importance of legible writing.

MUMEYA STUDIO
High Art Photographer
38-40, Queen's Road Central
(Opposite Queen's Theatre)
HONG KONG
Telephone C. 254

上｜1882 年東延電報單據

下｜信封上的電話號碼會由 C254 改為 20254

由於涉及整區電話更改號碼，機樓要配合新舊電話變更程序，為了減少對客戶使用電話的影響，電話公司須在短時間內完成，而且轉換工程要在凌晨開始。機樓事先準備工作很多，新舊機樓要互相配合，務求在短短幾分鐘內迅即轉換，事後又要將舊機樓及地下電纜線路截斷，整個過程場面可以用「墟冚」來形容。筆者會在後面的章節再詳細分享。

1950 年代，電話網絡才擴展至新界不同地區。1951 年 6 月，由香港或九龍打電話至上水，要先打 91，再經接線生轉駁電話號碼。如由元朗打電話到香港或九龍，則要先打 0 字，再經接線生轉駁。區內互打直撥號碼即可。當時打出或接聽香港或九龍電話，每次另加 4 毫子。[58]

1953 年，東區禮頓山道新機樓在 6 月落成，筲箕灣、灣仔等區與銅鑼灣一同改為 7 字頭。1954 年，電話公司計劃於香港區增設六位數字的電話號碼，以配合該區電話發展需要。先在東區銅鑼灣試行兩組號碼「770123」及「770456」，若為期六個月的試驗成功，將廣泛使用，可增多 9,900 個號碼。六位數字的號碼會由 770001 開始，換言之是在原有之 7 字頭再加一個 7 字，舉例現有的號碼 71234，將變成 771234。

當時亦開始有一些特殊號碼，如 09 號為電話故障及維修服務電話，08 號為號碼查詢電話。

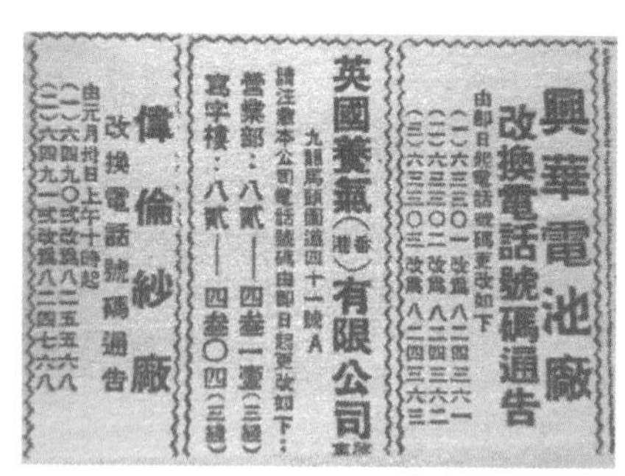

興華電池廠
改換電話號碼通告
由即日起電話號碼更改如下
（一）六三三〇一改爲八二四三六一
（二）六三三〇二改爲八二四三六二
（三）六三三〇三改爲八二四三六三

英國養氣（香港）有限公司
九龍馬頭圍道四十一號A
請注意本公司電話號碼由即日起更改如下：
營業部：八貳——四叁一壹（三綫）
寫字樓：八貳——四叁〇四（三綫）

偉倫紗廠
改換電話號碼通告
由元月卅日上午十時起
（一）六四九〇弍改爲八二五五六八
（二）六四九一弍改爲八二四七六八

左｜從港九打電話到上水，須先撥 91，再由接線生轉駁。

右｜九龍區不同公司在報章上刊登更換電話號碼通告

1960 年初，九龍城、紅磡、土瓜灣、牛頭角、觀塘改為 82 字頭，例如原來的 51234，改成 821234，全部改成六位數字號碼。旺角區由亞皆老街起至青山道、荔枝角及深水埗區，7 月起一律由原來的 5 字頭更換為 60 字頭，即改成六位數字號碼。

1961 年 10 月，北角區部分號碼轉為 76 字頭，筲箕灣區則轉為 70 字頭。北角區原有的 7 字頭，後加 6 字變成 76，即為六位數字號碼，舉例原號碼為 71234，加 6 字後變成 761234。筲箕灣區的改動方法也一樣，將原有 7 字後加 0 字變成 70，即為六位數字號碼。[59] 同年 7 月，東區電話原來的 7 字頭改為 76 字頭，即為六位數字號碼，而 77 字頭則不用變更（東區在 1955 年 1 月開始已逐步改成六位數字號碼）。[60]

大埔、沙田、上水及粉嶺的號碼在 1961 年 10 月有所調整。市區打新界電話，須先撥 01 號。大埔、沙田、上水及粉嶺，新安裝的電話號碼會以 888 為首，而舊有的電話號碼則將原有的四位數字前加 888，再將第二個數字減去，例如：原有 2087，變成 888287；4165 變成 888465；3204 變成 888304。新界與港九通話須先撥 0 字，而新界各區互通須先撥 0 字再撥 888，待接線生接線後，再對接線生說出電話號碼最後三個字便可。然而，新界用戶覺得此舉不單要花時間等待接駁，還要每三分鐘付 4 毫子，加上本身已付了月費，非常不划算，因此向電話公司表達不滿。[61]

1962 年 7 月，港島西區的電話號碼由五位數字轉成六位數字，方法是在 4 字後加一個 3 字，例如舊電話號碼為 41234，改成 431234。[62] 同年年底，窩打老道新機樓落成，九龍區由柯士甸道以北至旺角弼街段，改為 84 及 85 字頭，並將新舊號碼對照表寄給受影響用戶。[63] 翌年，深水埗新機樓落成，電話號碼字頭由 80、81 改為 86。[64] 1964 年 2 月，紅磡北帝街電話機樓落成，該區範圍的電話號碼字頭由 82、83 及 66 改為 62。[65] 同年 5 月，元朗的電話號碼由現有電話號碼，加一個 5 字，將原來的三位數字變為四位數字。[66] 7 月，中環區全部的五位數字號碼，都在最前加上 2 字，即變成六位數字號碼，整個變動，有 30,000 多戶受影響。[67] 當年中上環是商業區，查詢電話特別多，電話公司特別開設一個專責小組解答客戶查詢。9 月，灣仔新機樓落成，地點在灣仔國泰戲院後，灣仔、跑馬地、鵝頸橋區的電話號碼改為 72 及

73 字頭，數千個舊號碼移交至東區機樓。1965 年 2 月，位於荃灣公路的新機樓開始啟用，該區（包括荃灣、青衣和葵涌）的電話號碼加上 2 字或 3 字，更改成四位數字的新號碼。另外，觀塘電話機樓在 2 月 27 日開始啟用，此前觀塘區的電話原是由九龍城機樓管理，觀塘電話機樓落成後，隨即撥歸觀塘新機樓管理，號碼並由 82 及 83 字頭改為 89 字頭。[68]

1967 年，全港電話數目已超過 30 萬部，以當年人口計算，平均每 12.5 人就有一部電話機。電話號碼首兩位數字是區碼，當年只要一看，大概就會知道是哪一區的號碼。同年 4 月 9 日起，打電話開始實行新措施，如打跨區電話要先打地區字碼，同區則不用。香港、九龍和新界的地區字碼分別是 5、3、0 號（見右圖；電話公司於 1972 年再把新界區的字頭由 0 改為 12，又於 1981 年把 12 改回 0 字頭）。由香港打電話至九龍須先撥 3 字，打至新界須先撥 0 字；九龍打至香港須先撥 5 字，打至新界須先撥 0 字；港九打電話到離島，均須先撥 5980，再由接線生接駁離島用戶。由新界打至九龍須先撥 03；若打至香港則要先撥 05；打至離島則要先撥 05980，均需接線生轉駁。[69]

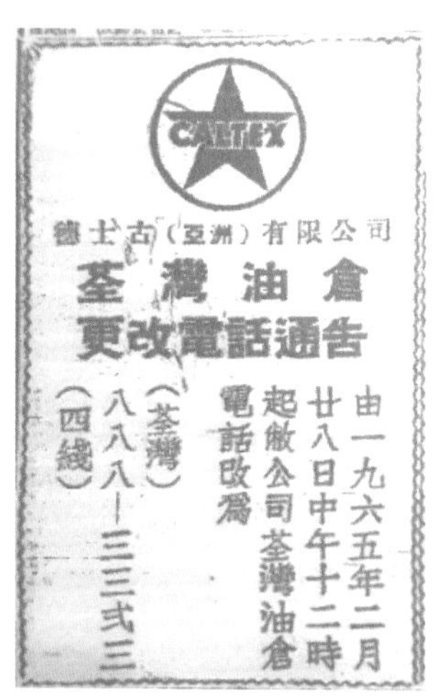

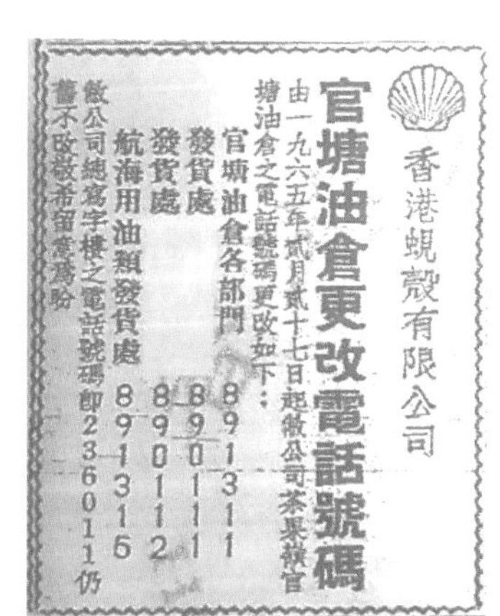

左｜荃灣區的號碼更改成四位數字

右｜觀塘區的號碼字頭改為 89

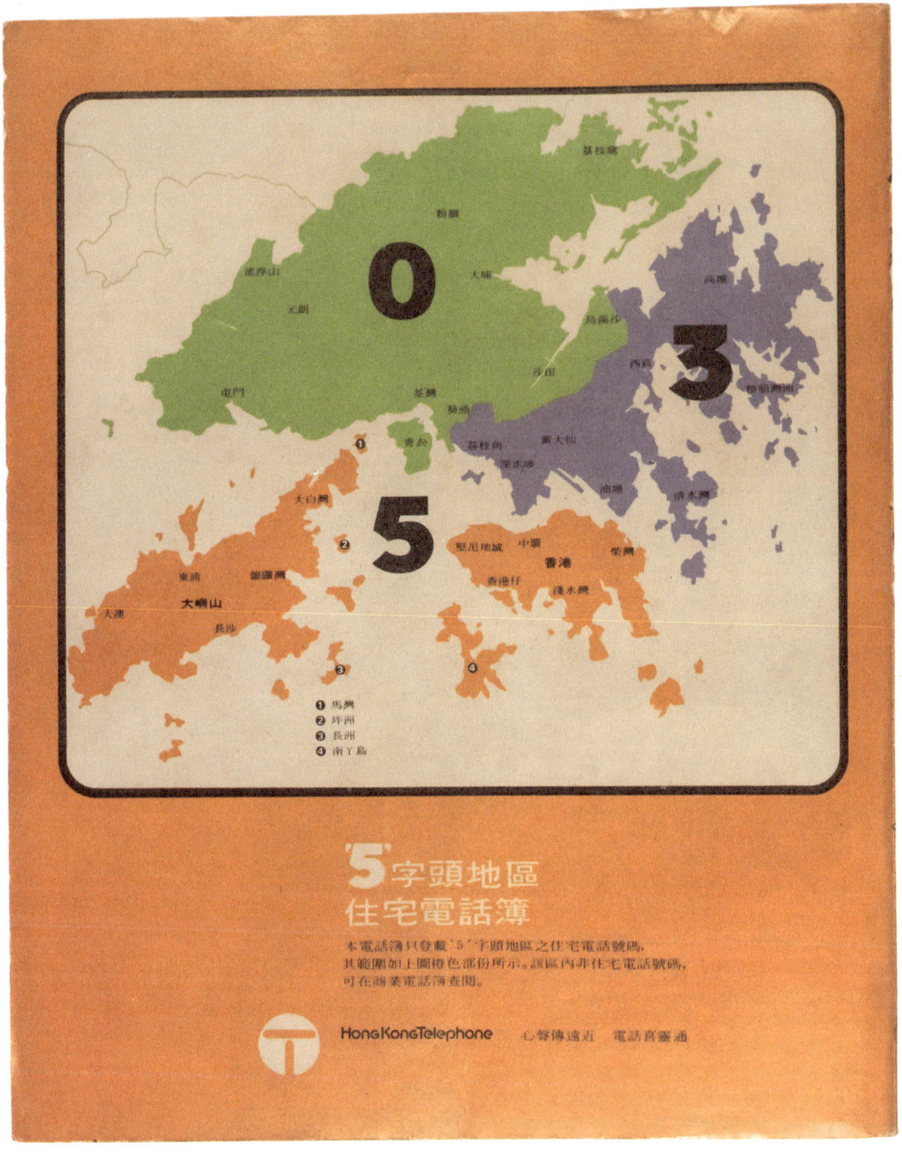

當年電話公司以香港地理區分三個區域號碼

香港用戶的電話機，圖中可見攪盤紙上有相關指示，打電話至「K」(即九龍)，要先撥3字；打電話至「NT」(即新界)，要先撥0字。

同時，北角及筲箕灣區的部分電話用戶，號碼除了由 70 及 71 改為 60 字頭，另要加上地區字碼。例如由九龍打電話至北角，原本北角電話號碼是 701234，現改成 60 字頭，即 601234；須先撥打 5 字（香港區碼），再撥電話號碼，即 5601234。同區則不用打 5 字。[70] 到了 1968 年，新界多區新機樓在不同時段落成，為配合新機樓自動系統，各區都隨著更改區碼，例如 8 月 3 日起，新界區青山加 81 字頭、粉嶺加 90 字頭、沙田加 61 字頭、大埔加 66 字頭、石崗加 98 字頭，[71] 全部改為六位數字號碼。由當日起新界各區用戶都可直撥，無須經接線生轉駁。

到了 1971 年，原有三位及四位數字號碼，都增加兩至三個數字的區碼，湊成六位數字號碼。當年荃灣電話用戶的號碼只有四位數字，因此全加上區碼 90；如果用戶號碼只得三位數字字，則於 90 後再加上 0 字，例如原來的號碼是 292，便變成 900292，湊成六位數字號碼。[72] 1971 年 10 月，大埔用戶的三位數字號碼，須於區碼 66 後加上 3 字，如電話號碼 439 加了 3 字就變成 663439；沙田的則於區碼 61 後加上 1 字，如電話號碼 465 加了 1 字就變成 611465，湊成六位數字號碼。[73] 基本上，1971 年大部分地區的電話號碼都已改為六位數字。

1980 年代初，電話公司在本地電話網絡鋪設光纖電纜，圖文傳真機（Fax machine）首次在香港推出，一個嶄新的數碼年代開始了。此時仍以 5、3 和 12 分別代表港島區、九龍區和新界區。後於 1981 年 7 月，香港電話公司宣佈新界的區碼改為 0 字。電話公司解釋這次更改，是為改善電話號碼系統的第一步，目的在減少撥錯號碼的可能性，因在不同地區有些號碼是相同的，其差別只是冠以不同地區字頭號碼。[74]

左｜九龍用戶的電話機，打電話至「H」（即香港），要先撥 5 字；打電話至「NT」（即新界），要先撥 0 字。

右｜新界用戶的電話機，打電話至「H」（即香港），要先撥 05 字；打電話至「K」（即九龍），要先撥 03 字。

1989 年 12 月 30 日（當時電話公司的宣傳口號為「易撥日」）開始，取消地區號碼，如果電話號碼本身已是七位數字，則無須加地區號碼，若本身電話號碼是六位數字，則將地區號碼加在前頭即可。正式變成七位數字號碼。[75] 1995 年 1 月 1 日起，電話號碼再加上 2 字，就變成了今天香港電話的八位數字號碼。[76]

由上述資料可見，電話號碼是不斷轉換的，一時改字頭，一時又加上區號，十分混亂。筆者在前文曾提過這些轉變的背後原因，現詳細講解。當一所新機樓落成後，便會提供一列新的地區電話號碼，並且會重新規劃新的服務地界（Boundary），這既可增加電話號碼量，又可減輕原有機樓的負荷。在新規劃地區內，新用戶可獲分配新的電話號碼，而在此區仍使用舊電話號碼的用戶，便要更改新號碼，轉由新機樓操作，騰出的舊號碼便可退回舊機樓重新編配給其他申請者。

轉換工程通常會分階段進行，以減低對用戶的影響。在轉接期間，電話公司會先發信通知受影響的用戶，亦會刊登報章。幾百個客戶的號碼一下子轉變看似很簡單，原來背後的預備功夫很多，要早在幾個月前甚至更長時間已開始進行。就以 1953 年 7 月為例，香港區曾經進行一次大規模客戶號碼轉移（Telephone number change over），目的是將灣仔、銅鑼灣、大坑、北角的電話用戶，從中環機樓轉移到東區新機樓，並改為 70、71、72、73、74 及 79 字頭號碼。舊電話號碼釋放出來之後，經三個月後方再讓中環區新用戶使用。若舊客戶是商業號碼，釋放時間會更長。目的是避免在此期間，舊用戶的朋友仍打舊號碼，對新用戶做成不必要的滋擾。在轉新號碼之後，會由特別小組（Change number intercept）接聽，告訴對方之新號碼，為期一星期，如有需要，可個別處理。[77]

是次大規模客戶號碼轉移工程事前策劃需時多年，首先要在原有電話機樓服務區域邊緣適當地點興建新機樓，並重新劃定地區，以減輕原有機樓操作負荷，縮短地下電纜分佈距離。然後向政府申請撥地興建機樓，並從外國訂購機樓接駁系統、地下電纜、電話機等器材。之後又要向地政署申請掘地工程，而在新機樓落成前，也要聘請承辦商進行各項地下電纜安裝工程。部分地下電纜要鋪設至新劃定地區，代替舊地下電纜，新區電話箱會放置在舊電話箱旁，新舊地下電纜接駁在一起（俗稱 Tee

三叉）。由於新機樓系統未完成，會先用「插子」截停通電，這時仍是由舊機樓提供電話服務。當新機樓系統準備完畢，便可開始轉移電話號碼，通常會選擇在星期六晚上零時開始，因為這時線路並非在繁忙時間。在轉移當晚，新舊機樓都有一大批員工，等時間一到，先由舊機樓員工一擁而上，於預定舊客戶的電話線上插上插子，停止供電。完成後通知新機樓同事，將早前的截線插子拔掉，馬上供電。為了能以最快的速度拔走插子，他們會預先將一條繩穿過插子，當下只需要拉動繩段，整排插子便會同一時間拉掉。此刻轉移工作對電話用戶而言已告完成，但在機樓方面尚有很多工序要做，往後工作是派工作人員將電線從舊地下電纜箱搬到新地下電纜箱，舊地下電纜箱及舊地下電纜會拆掉，舊機樓清除舊號碼線路，整個轉移工程才算完成。

⑦ 電話簿和黃頁

上文曾提及，東方電話將專營權轉讓給中日電話。當時的電話客戶很少，中日電話接手後，每月都會將客戶的電話號碼刊登在一份英文報章上。

1889 年 4 月，客戶只有 62 戶。[78] 直至中日電話於 1889 年租用大北電報海底電纜，服務範圍擴展到九龍後，客戶才開始增長至過百戶。[79] 到了 1907 年，由於電話客戶大幅增加，刊登在報章上的電話號碼名單的篇幅隨之增加，中日電話決定改用小冊子形式印製，並刊登廣告提醒客戶提交姓名，以便刊登在新電話冊上。[80] 在 1921 年以前，報章上的電話名單只顯示姓名及號碼，有客戶提議加上地址，好讓查詢者從地址而知道對方是從商或是住宅電話，減少無謂滋擾。該電話冊子每本售價 1 元。這就是電話簿的起源。

電話冊子內容分中文及英文兩個版本，中文客戶名稱以筆畫排序，英文的則以英文字母排列。初時中文版本的電話號碼是採用漢字數字直排顯示（見右頁上圖）。1928 年 6 月，當時港九已分三個區，有三個接線總機，分別以字母 C 代表港島，K 代表九龍，P 代表山頂。在電話冊子首頁內，已標明不同地區都有相同號碼，查閱號碼時須留意看清楚。[81]

當年我們一年都未必會查看電話簿一次，一般常聯絡的親友或商舖號碼都會寫在一張硬皮紙上，並放在當眼處，以便查看。當年查看電話簿的目的，只是想知有幾多個同名同姓的人，有沒有名人或明星登記了電話等等，非常無聊。其實，在申請電話時，電話簿公司已將資料編排印刷在電話簿上。「電話簿公司」並非電話公司的附屬公司，只是一間以賺取商戶廣告費作收入來源的公司。若果客戶不想刊登姓名和地址在電話簿上，電話簿公司會向該客戶收取行政費。

電話簿每年更新資料兩次，分別是每年的春秋兩季（即 1 月及 6 月），每位電話用戶須依照指定日期，憑印在電話簿內的換領券去電話公司機樓或指定換領處換取新一冊，過期不設補發，補領須額外收費。各區都有機樓，既可以分散人流，又不用租借地方，方便快捷；而在公眾地方設換領站則需要向政府申請。客戶如想更新電話資料，要在下次編印時方可處理。鑒於電話簿客戶同名者多，容易造成混亂或打錯電話，其後新編電話簿時，在客戶名稱下添註業務名稱，以作識別。[82]

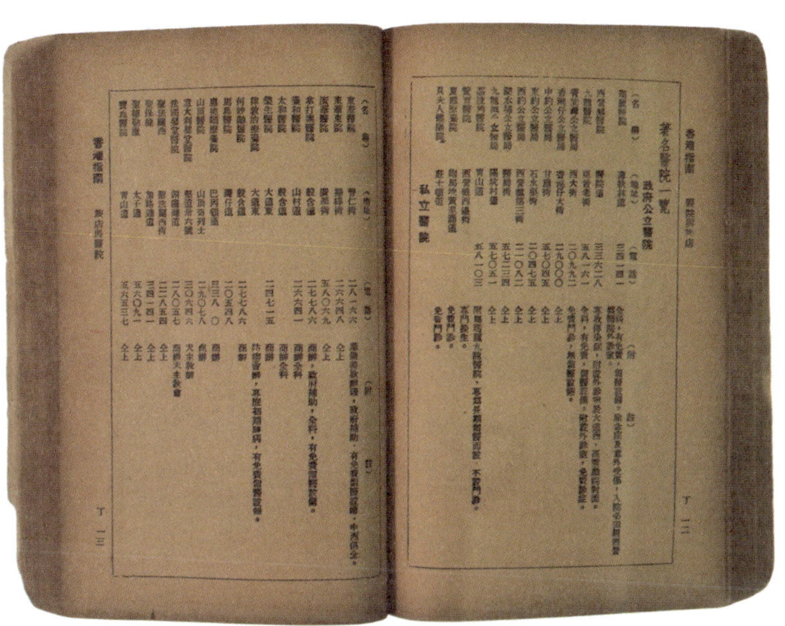
香港指南　醫院與藥店

著名醫院一覽

政府公立醫院

（名　稱）　（地址）　（電　話）　（附　註）

私立醫院

丁一二

香港指南　藥店與醫院

（名　稱）　（地址）　（電　話）　（附　註）

丁一三

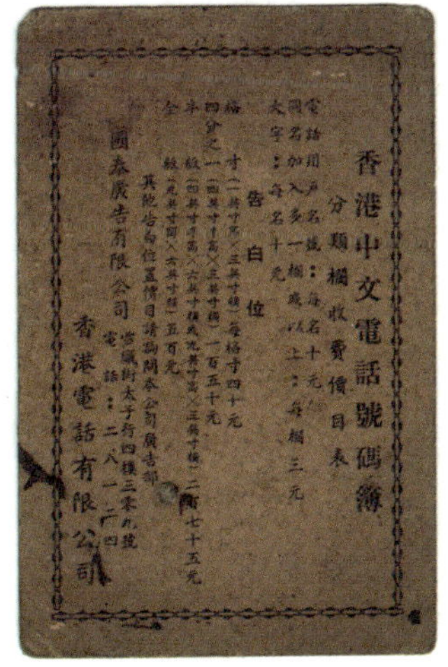
香港中文電話號碼簿

分類欄收費價目表

電話用戶名號：每名十元

大字：每名十元

告白位

其他告白位置價目請詢問本公司廣告部

香港電話有限公司

上｜初期電話公司電話簿之編排格式

左下｜記錄電話號碼的硬皮紙

右下｜早期的電話簿換領券

1957 年 7 月，電話簿公司改以阿拉伯數字編印電話號碼，並以橫向方式排列。好處是，阿拉伯數字的字體比中文數字精簡很多，可節省三分之一的篇幅，加上翻閱方法是從左至右，頗為順眼。[83]

天星碼頭換領處（圖片來源：作者藏品）

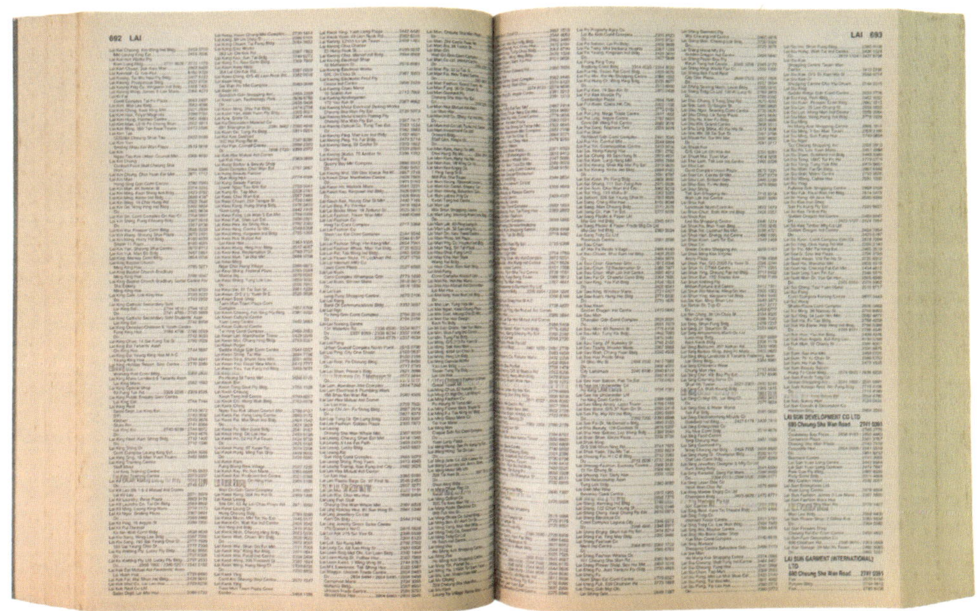
692 LAI

LAI 693

上｜改編後的中文電話簿排版

下｜改編後的英文電話簿排版

1970 年代，由於電話用戶急增，新編印電話簿重量接近兩磅，黃頁佔整本電話簿的三分之一。何謂黃頁？黃頁（Yellow page）是商業電話簿，在 1883 年起源於北美洲，首先在美國廣泛應用。黃頁按企業性質及產品分門別類以黃色紙張印製因而得名，並招登商業廣告。一般住宅用戶很少會查閱黃頁，所以有人提出把黃頁割去，再用雞皮紙補作底頁，並留下電話簿尾頁換領券作下年更換電話簿之用，此法被人相繼仿效。[84] 後來電話簿公司得悉此事後，考慮把電話簿分釘兩冊，刊登內容從每頁四行橫列編印，改為五行，而且選用更小的字體印製，以減少頁數。[85] 到了 1975 年，單單是一本九龍及新界英文住宅電話簿，已有兩英吋半厚。到了 1995 年，由於選用流動電話的人增加，令家居電話開始減少，電話簿的厚度也變薄了，當年三本港九新界住宅電話簿厚度，與一本早期 1978 年的新界住宅電話簿厚度一樣。

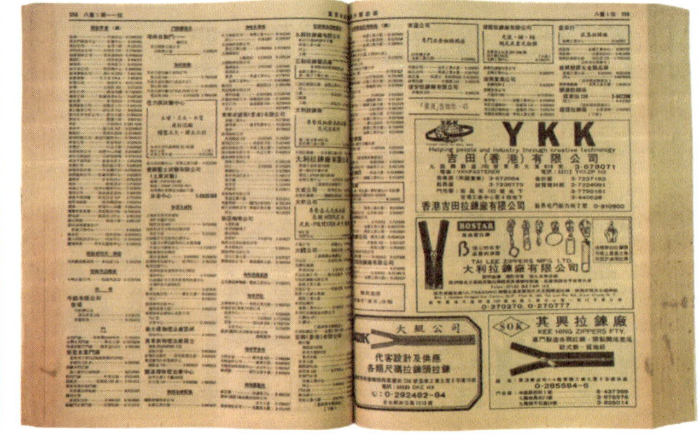

1985 年黃頁分類電話簿

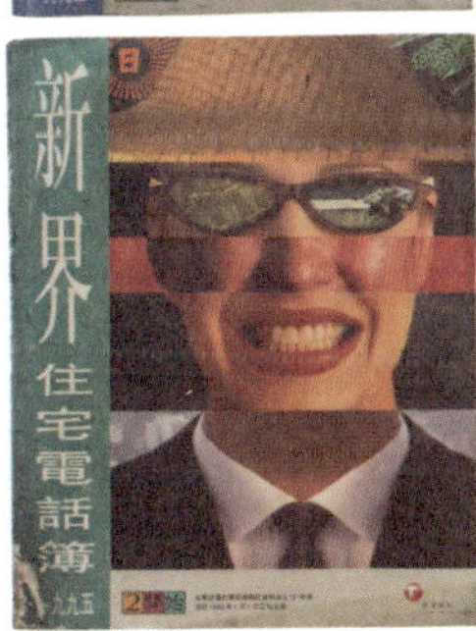

1978 年的一本電話簿和 1995 年的三本電話簿之對比，可見後期電話簿越來越薄了。

基金會（續）

海天文字基金會有限公司
南豐中心……0-4991234
添利基金有限公司……海富中心…5-290128
培華教育基金會……中建大厦…5-257257
球慈基金會……星光行…3-7236337
衞理信基金會有限公司
機利文新街 8……5-451766

基督教

工業福音團契
窩打老道50 A……3-324305
彩雲中心……彩雲邨…3-7553568
中華基督教會
香港閩南堂
宏德街 2A……5-8932242 5-8932585
中華基督教會香港區會
公理堂……禮頓道 119…5-761109
桂華山中學
食物部……靈景道62…5-718766
太子道 191……3-802371 3-802373
副總幹事室……3-818776
會計室……3-802372
錦江紀念禮拜堂……東頭村道…3-202359
協和書院……蒲崗村道…3-260239
全完堂福幼幼稚園
大窩口邨18座……0-204164
基貞幼稚園……麗荷樓…3-618246
基華幼稚園……啓寧樓…3-7560781
基協工業中學
學生輔導室及教員室
東頭村道 161……3-226947
基貞學校……順寧道 372…3-7425725
基華學校……彩虹邨…3-202435
基理學校……梨木樹邨 1 校舍…0-287646
何福堂中心……福堂樓…0-835563
上水堂幼稚園……馬會道…0-921848
中華基督教奮興會……堅道29…5-221646
香港浸信會聯會
九龍城潮語浸信會
衙前圍道55 A…3-371008
以馬內利浸信會
荔枝角道 204…3-930565
旺角潮語浸信會
彌敦道 739 A…3-941000
深水埗浸信會……廣利道 4…3-861581
鑽石山浸信會……斧山道12…3-204361
觀塘浸信會幼稚園
功樂道83……3-892327
香港華人基督會
辦公室……常和街 2…3-7125125
香港路德會救主堂
東沙島街 150……3-7286506
基督教宣道會田灣堂…金爵大厦…5-546327
自修室……田灣邨13座…5-551164
基督復臨安息日會北角健康教育中心
英皇道60 A……5-782819
基督復臨安息日會港澳區會
幹事辦公室……山林道26…3-680578
教會聚會所(基督徒管家)
調景嶺村二段……3-480341
喜樂福音堂(觀塘)……康寧道38…3-455272
華南金巴崙長老會…青山道 338…3-866563
聖匠(新蒲崗)膳食供應部
六合街23…3-215698
福音道路德會
教堂名稱
恩典堂……德輔道西 123…5-474304
福音證主協會……界限街 144…3-361202
總辦事處……梭椏道29…3-7139131
證道書室……摩理臣山道46…5-736111
海外批發組……柴灣角街38…0-408131
開心園……建新中心…3-378698
證道出版社……界限街 144…3-365203
讀經會香港分會
彌敦道 138……3-693384 3-675424

基督教附屬組織

元朗青少年服務中心
元朗邨 5 座……0-794832
天人社……黃埔唐樓…3-637013
天道書樓有限公司
踏踏榮大厦……5-700226 5-702330
民衆大厦……5-665531 5-700831
批發部……英皇道 135…5-660336
九龍分店
太子道 157……3-811227 3-806228
百萬行商業大厦……0-4981931 0-4981313
中華基督教會香港區會
太子道 191……3-819752
社會福利部……3-813734
望覺堂
啓愛學校……西洋菜街 111…3-927925
中華基督教禮賢會香港區會
禾輋青年中心……禾輋商場…0-6053923
中華福音使命團…利時商業大厦…3-7233550
世界華人福音事工聯絡中心
月華大厦……3-910411
宣道會廣播中心……溫莎大厦…3-663404
宣道園(基督教宣道會)
龍躍頭…0-900329 0-921018 0-900218
信望愛福音會……海壇街 5…5-688755
同上……5-672895
大華大厦……3-923422
信義會靈安閱讀中心……利富樓…3-450709
香港九龍塘基督教中華宣道會
大坑東堂南山閱覽室…南泰樓…3-7790163
香港九龍塘基督教中華宣道會石籬堂
學生福音閱覽室…石籬邨15座…0-297603
香港三元福音倍進佈道有限公司
金鐘商業大厦……5-272714
香港中華宣道會海外佈道會
五洲大厦…5-718278
香港宗教哲學研究社
彌敦道 732…3-943135
香港青年歸主協會…勝利道 1 A…3-7144133
振宜大厦……3-916338
香港青年歸主協會
何文田邨 4 座……3-7154654
振宜大厦……3-922600
香港宣教會大元邨閱覽中心
泰民樓……0-6572668
香港宣教會老人中心……興耀樓…0-857163
香港差傳事工聯會……寶寧大厦…3-889191
同上……3-889100
香港基督徒學生福音團契
彌敦道 138……3-698511 3-661629
香港基督教協進會
傳播部……北京道57…3-7231389
同上……3-689744 3-678039
葵芳宿舍……葵芳邨 2 座…0-271325

海外神學院

窩打老道 144……3-365513
基督中心堂……3-381434
佐敦道14……3-675762
海外基督使團……界限街 108 B…3-368433
同上……3-390454
界限街 144 B……3-361885
海面傳道會……鴨脷洲…5-526029
神召會錄音室……大涌橋…0-6971822
神召會廣播中心…順景工業大厦…0-6984444
成鋼路 1……0-6983032

基督少年軍香港區會…樂民新邨…3-7149253
葵興青少年中心……政府合署…0-4873786
同上……0-4873780
基督教元朗青少年服務中心
元朗邨 5 座……0-764823
基督教香港同寅會
亞皆老街 4A……3-915017
基督教香港信義會
道聲出版社……窩打老道50 A…3-887061
道聲門市部……窩打老道50…3-844806
基督教家庭服務中心…翠屏道 3…3-891242
養真苑……調景嶺…3-7751337
鯉魚門社區服務處
安里西村99……3-463680
基督教神召會福音遍傳會
十字路 1……0-904369
基督教閩南三一堂
青年中心……太子道 361…3-7130488
基督教應許會……衙前圍道59 A…3-368329
基督教靈基營暨中心……沙田…0-611483
主任……0-6052778
基督復臨安息日會華南海島聯合會
雲地利道17……5-774765
道風山基督教叢林……沙田…0-6050839
聖十架堂
詢問處……沙田坳道 6…3-201313
聖十架堂社會服務中心
沙田坳道 6…3-268588
聖公會青年退修會所…沙田坳道…3-231756
聖公會麥理浩夫人中心
和宜合道22……0-235265 0-273523
餐廳……0-235011
聖公會基愛堂暨幼稚園
廣利道17…3-7298165
聖匠青年中心…山谷道 8 座禮堂…3-653393
山谷村第 1 座…3-623497
葵盛錫安閱覽中心…葵盛邨 3 座…0-211948
福音自傳使團
溫莎大厦……3-660837 3-690778
福音傳播中心
威發大厦……3-920140 3-920233
先施大厦……3-949072
福音證主協會
證道書室……摩利臣山道46…5-736790
福音證主協會基督教教育中心
梭椏道29……3-7145181
播道會靈修館……長洲山頂12 5-981-0386
學園傳道會……聚文街 2…5-723046

雀鳥

三達鳥店……偉利閣…3-326582
三興鳥店……康樂街11…3-961949
大生鳥號……豐祥大厦…3-612887
大華鳥行……黃埔街 4…3-647362
大興鳥行……上海街 534 D…3-316142
友愛雀店……沙埔道29 B…3-826350
友誠鳥獸店……下鄉道44…3-647791
中記鳥店……石蔭路 7…0-226890
中國鳥獸行……下徑口村85…0-6052456
（請參閱本類廣告）
生活鳥行……洋松街28…3-917640
生記……大道西 181…5-490338
生隆……上海街
永生鳥雀店……和隆
江田……協和街
江寶炎……東勝道郵政大廈
好運雀鳥寵物店……運頭街
伍子燦……炮仗街
伍亮……西灣河街
伍景……富恒大
合記雀鳥……康樂街
佐敦鳥獸公司……大埔道
同上……
均記雀鳥……莊士敦道
吳克旺……協和街
吳記雀店……兆和街
吳雲……沙埔道29
吳潔……康樂街
余英……德輔道西
余榮錫……大道西
利記雀鳥店……康樂街
何德勝……協和街
李世雄……慈雲山邨街市73
李志輝……打鼓嶺道
怡記雀鳥行……炮仗街
怡興雀鳥行……北帝街
林合娣……順發
林記雀鳥店……太富街164
昌華鳥店……青山道4
旺記……奶路臣街4
洪昌……大王東街
洪記雀鳥店……銅鑼灣道98
茂昌雀店……金
冠芳鳥號……德輔道中1
財記……黃大仙下邨32
高記雀鳥號……亞皆老街
張周五……昌華街
張鎭林……置城商業大
清華鳥行……牛頭角道1
陳林記……康樂街25
陳坤記雀鳥
旺角分店……康樂街
陳坤記雀鳥店……鴨寮街15
陳坤記興發鳥獸寵物店
鴨寮街 150……
陳記雀鳥……康樂街
陳集祥……豐年路
陳遠安……石硤尾街
常記鳥行……打鼓嶺道
常記雀鳥行……衙前圍道
培記雀鳥店……康樂

健記雀鳥
出入口各類雀
電訊：76756 KKBDC
電報掛號：KINKEEB
厚和街41……
同上……

健記雀鳥…厚和街41…5-81890
偉倫鳥行……打鼓嶺道
勝利鳥獸店……勝利道12
彭澤添……宏華街5
超聚貿易公司……奶路臣街4
越興鳥號……炮台街39
黃耀柱……下徑口村
華聯工業中心……
黃麟記……上水新功街15
華記……德輔道中12
華記鳥行……萬寶大
雅趣鳥店……新填地街247
雷活……金
鉅記雀鳥行……銀鳳街59
楊氏兄弟鳥行……昌鴻大
葉科文……康樂
新亞公司
香港灣仔區(地下)
大王西街20 B……
新興鳥行……福榮街
萬記鳥檔……大道中11
嵩山齋……文咸東街
裘記鳥號……金閣大
福記鳥獸……二陂坊8A
（下續）

中國鳥獸行
專營觀賞鳥，
出入口及本港批發
歡迎惠顧
放生鳥及龜，好飛價廉
電話：0-6052456
地址：沙田下徑口村87號

鳥（續）

橫頭磡邨11座… 3-372293
李活道 248 側… 5-485317
………友強樓… 0-442880
樂街 119 側門… 5-447210
……同仁街26… 3-439980
……康樂街10… 3-963040
…大王西街26… 5-275967
店…嘉寶大厦… 0-297558
定富街 110 B …3-7561038
…摩利臣街10… 5-435208
……河背街81…0-4981183
街臨時市場79… 3-209097
……雲南里19… 3-329638
…英皇道 404 … 5-700019
…沙埔道29 E … 3-837633

陳列用具

櫥窗裝飾配備）

著批發及製造

……金源商場… 5-579269

……………………5-8912136
……金勳大厦… 3-326171
司
……………………5-7902006
…太子道 183 … 3-819526
……天樂里 9 … 5-751613
………………… 5-771686
……漢口中心…3-7218386

…… 3-818528　3-818644
………………… 3-812917
)公司
………………… 5-556689
……聯星大厦… 5-729454
寶靈商業中心…3-7227861
…威靈頓大厦… 5-263233
…青山道 476 …3-7439016
…… 3-810569　3-802529
……立信大厦… 3-695461
金龍工業中心… 0-293376
…南昌街 148 …3-7783955
……嘉利大厦…3-7231626
……保安道 9 …3-7290040
……恒隆中心…5-7908019
………始創行… 3-927369
……昌生大厦… 5-235827

……3-7231820　3-7230277
…荔枝角道87… 3-947263

限公司
及東南亞時裝批發
‘A’座
……………………3-7422378

…青山道 476 …3-7422378
長沙灣道 210 … 3-601428

新街2-20號九樓907室
……………………5-7903337
……長沙灣道47… 3-806025

公司
貿易有限公司
服裝百貨
傘各類布疋
售批發
20-122號地下
………………… 3-808020

……………………3-7231387

國際時裝公司…………北京道47… 3-668372
陳國雄……………彌敦道 751C … 3-802131
偉成公司…………時運工業大厦… 3-439477
渣華綉花衣企業公司
　安樂里 4 A………………………… 5-730631
富樂多有限公司………新港中心…3-7216720
智美時裝公司…………德基商場… 3-313970

順榮時裝公司
批發各類高級時裝
歡迎本港及東南亞買家
大埔道55……………………… 3-860205

黃鳳顏………………彌敦道 751 … 3-805467
雅廸高時裝批發中心有限公司
　安利大厦…………………………… 3-888571
（請參閱本類廣告）
凱儀時裝批發………彌敦道 740 … 3-959409
　同上………………………………… 3-933392
楓霖…………………………崇山大厦…3-7219887
新華行…………………長沙灣道93… 3-805675
新熱海時裝代理（香港）公司
　軒尼詩道402號702Ａ室
　德興大厦…………………………… 5-725207
萬達行……………永盛工業大厦…3-7448009
滙業洋行…………嘉寶徑業大厦… 5-413021
滙業洋行歐日時裝批發
　嘉寶商業大厦……………………… 5-422850
翠婷時裝批發…………大華大厦… 3-934108
嘉藝時裝公司
　恒隆中心…………… 5-776163　5-7907667
樂禮田集團時裝有限公司
　星光行……………………………… 3-695502
慧豐時裝貿易公司
　達利商業大厦……… 3-310322　3-310371
蝶莉絲時裝批發公司
　彌敦道 607 ………… 3-306291　3-883565
緻達商理有限公司
　寶勒商業大厦………3-7214436　3-7210749
關錦鑑………………………福榮街72… 3-617392
羅絲時裝……………………華登大厦… 5-769536
韻域…………………………南豐中心… 0-446605
露露時裝……………………波斯富街67… 5-754300

婦女衣著零售

ＡＢＣ服裝公司………重慶大厦… 3-676708
１７９時裝屋…………半島中心…3-7219060
一春日本時裝公司……恒隆中心…5-7907529
一春公司……………………環球商場… 5-252637
力成…………………………汝州街67… 3-804810
力威…………………………英皇中心… 5-710110
力琪服裝公司
　希爾頓酒店……………… 5-222230　5-242234
七記………………………謝斐道 529 …5-7908679
七彩Ｔ恤公司……………荷李活商場… 3-306119
三昌行………………………統一大厦… 3-851374
三和日本時裝皮鞋批發
　金聯商業中心………………………5-8911815
三威有限公司………………聯業大厦… 3-676505

三洋有限公司
　會計部…………………安樂里 4 A … 5-736267
　營業部………………………………… 5-735986
　德輔道中 279 ……………………… 5-436837
　門市部………………………………… 5-436931
　出口部………………………………… 5-436224
　貨倉……………………黃竹坑道44　5-536640
千銹纖服公司……………百誠商場… 3-311170
山卡士公司
　美麗都大厦…………………………… 3-663662
山冊有限公司……百老匯街97 A…3-7427707
山冊百貨公司……………萬事達廣場…3-7432723
大一服裝中心……牛頭角道 369 … 3-893988
大一時裝有限公司……恒豐中心…3-7233967
　海洋中心……………………………3-7237378
　宏景樓………………………………… 3-882391
大方時裝………………牛頭角街市…3-7564878
大中服裝…………………譚公道93…3-7120562
大阪時裝批發公司……德發大厦… 3-310546
大明女裝…………………詩歌道 8 … 5-775281
大東公司…………………慶地道26Ｃ… 3-667943
大信公司……………柯士甸路15Ｈ… 3-674945
大信公司…………………華美昌大厦… 3-665699
大洋青年服裝公司………海龍閣… 5-545843
大華洋服…………衛前圍道52Ｄ… 3-836058
大華時裝公司……………廟街 203 … 3-849861
大新服裝公司……………新廣街11… 0-902224
大福公司…………………馬角街 8 … 0-209013
大鵬公司…………………界限街12Ａ… 3-811379
大鵬貿易公司……………官塘道 404 … 3-420302
大觀洋服時裝……銅鑼灣道 140 … 5-783651
五記號……………南昌街 107 對面… 3-861898
丹妮時裝批發……………洗衣街 215 … 3-803280
毛邦顯……………………月園街22… 5-701959
文成時裝百貨公司……宏光大厦…3-7589638
文儀時裝…………………華盛大厦…0-4987130
文興洋服…………………衙慶街 2 … 3-210982
太原貿易公司……………太原街15… 5-739712
太陽神……………………金都商場… 3-803773
仁輝貿易有限公司
　倉庫……………………恒豐工業大厦… 3-341823
仁德行……………………寶勒巷11… 3-669783
王美新時裝公司……獅子石道60… 3-822407
王振照………………………太安樓… 5-689622
巴黎貴仕公司……………喜來登商場… 3-674705
天天時裝屋……鴨地坊小販市場… 0-440330
天成服裝……………石硤尾街19…3-7776322
天利公司…………………高登商場… 3-600638
天泰貿易公司……………海壇大厦… 3-869628
天祥洋行
　服裝及日常用品部
　　中建大厦門市部……………… 5-246666
天興行……………………太原街23… 5-757855
日月星公司………………和記大厦… 5-260593
　彌敦道 745 ………………………… 3-813070
日日時裝……………彌敦道 603 … 3-849655
日本貿易公司……………恒隆中心… 5-777683
日新時裝公司……………遠東大厦… 3-663719
日興服裝中心……………青山道60… 3-871166
　元州街分店………元州街 1 Ｅ…3-7798661
日穎時裝（貿易）公司
　　　　　　　軒尼詩道 402 … 5-753383

ARTICO CO., LTD.
雅廸高時裝批發
Ella's-Mood
專門製造及批發
各類新潮時裝
歡迎本港及東南亞
客戶參觀選購
九龍彌敦道 545 號安利大厦四字樓
3-888571
☎ 3-888584
3-887103-4

中天公司……………莊士敦道 180 … 5-732970
　　　　　　　　莊士敦道 178 … 5-733046
四海公司……………………川龍街46… 0-420834
四達中國發展有限公司
　榮裕商業大厦……… 5-484595　5-488060
　永康工業大厦……………………… 0-231975
玉燕時裝批發……………第三街63… 5-486580
立騰有限公司
　上海街 103 ………………………… 3-847801
世界市場………………青山道 155 … 3-616927
仙后時裝公司……美孚新邨 7 期…3-7432727
　太古城中心………………………… 5-686870
民豐公司…………………均益大厦… 5-492449
生昌市場………………青山道 152 … 3-866489
　同上………………………………… 3-618114
可人公司…………………安利大厦… 3-206211
　青山道84……………………………3-7290883
可愛服裝公司…………上海街 183 … 3-309415
古梧記…………鴨地坊小販市場… 0-448725
兄弟公司………………白田下邨 4 座…3-7761663
半島洋服……………………樂道 5 … 3-662060
半島（奎記）服裝公司
　彌敦道 734 ………………………… 3-940930
卡狄通公司………………鐵華街80… 3-289636
永生時裝店……漁興邨街市14檔… 5-581113
永吉時裝……德輔道中 154 橫門… 5-438361
永安貿易公司
　鴨寮街 112 ………………………… 3-805393
永成貿易公司……………大埔道37…3-7772390
永泰……………………馬寶道25… 5-614059
永盛行……………………利源街23　5-230730
永盛製衣廠………………新蒲崗大厦　3-210282
永發公司…………………大源街33… 5-727940
永發公司……………軒尼詩道 107 … 5-283853
永華公司…………………鴨寮街10… 3-805239
永華洋服…………………砵蘭街 302 … 3-945044
永華時裝公司………………廟街13… 3-922802
　同上………………………………… 3-924055
永華貿易公司……………德輔道西45… 5-479645
永華製衣廠………………廣場街12… 3-627453
永新服裝…………………太原街58… 5-733843
永新服裝公司……獅子石道44Ａ… 3-832051
永福時裝……………軒尼詩道 296 … 5-753130
永興行……………………鴨寮街 105 … 3-800731
永興服裝……大元邨街市35檔…0-6584338
出口店……………………海運商場…5-8916630
先的（香港）有限公司
　華比銀行大厦……………………… 3-917886
先惠時裝中心……………愛民商場…3-7112230
朱禮泉……………………馬寶道17… 5-618351
有利服裝…………………石籬商場… 0-264305
有記洋服疋頭……………西邊街24… 5-493036
自由時裝店………………南豐中心商場… 0-467717
好好服裝公司……莊士敦道 168 …5-8916359
好運衣着中心……………衙墻街81… 0-467413
好運時裝…………………肇豐大厦… 3-936517
好麗有限公司……德輔道中 243 … 5-432017
兆兆公司…………………鍵威商場… 5-648100
兆隆公司…………………利源西街13… 5-242260
　　　　　　同上…… 5-230995　5-228945
兆然行……………………利園酒店商場…5-7952485
伍均忠……………………亞皆老街 4 … 3-958216
伍能卓……………………彌敦道87… 3-666438
伍國均………………………谷亭街… 0-795035
伍碧玉……………漁興街市72檔… 5-583711
竹山時裝屋………………中央樓…5-7907172
名星服裝公司……………康寧道27… 3-434888
名聲………………………英皇道 987 … 5-620893
式式公司…………………南安街17… 5-698182
式佳服裝公司……假日酒店商場… 3-668543
式樂時裝…………………尖沙咀中心… 3-669628
式樂時裝…………………金巴利道35… 3-691626
同益祥服有限公司………漢口道47… 3-663855
同福和……………………皇冠大厦… 5-710235
旭日公司…………………黃埔街27… 3-347257
泡淑輝………………………物華街… 3-894406
合茂企業有限公司…金馬倫道35… 3-667115
安利服裝公司………………安群樓… 3-892841
安廸時裝製衣廠…………基隆街15… 3-953820
安嘉倫有限公司…………長樂街 7 … 3-303639
向榮行……………………大埔道51… 3-865168

（下續）

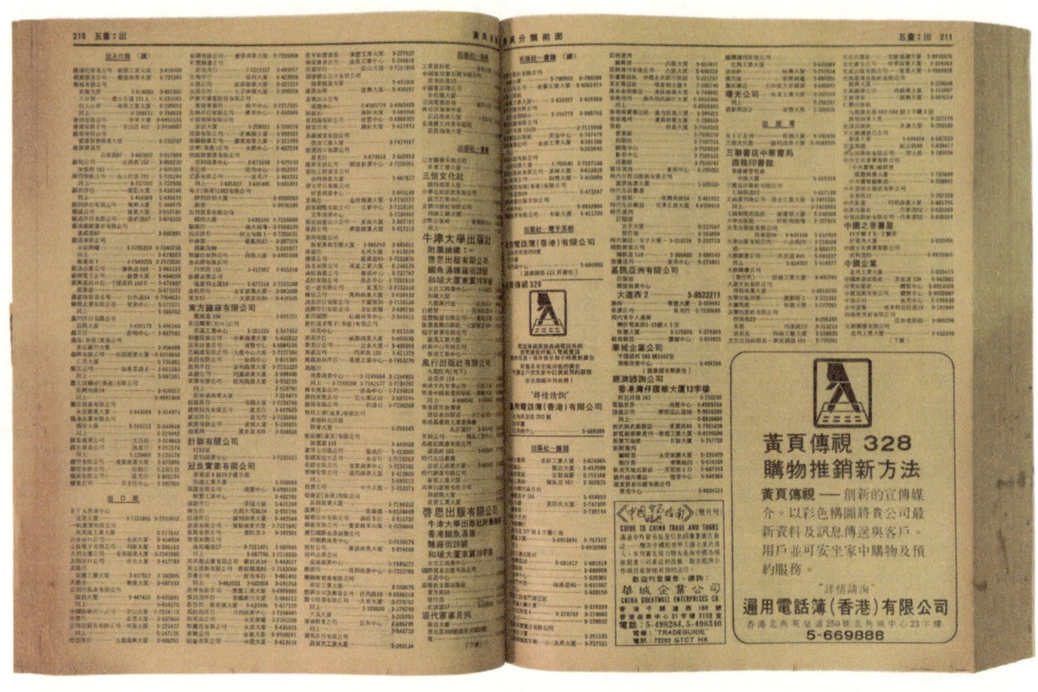
黃頁傳視 328
購物推銷新方法
黃頁傳視 —— 創新的宣傳媒介。以彩色構圖將貴公司最新資料及訊息傳送與客戶。用戶並可安坐家中購物及預約服務。
遍用電話簿(香港)有限公司
5-669886
牛津大學出版社
三聯書店中華書局
基督教亞洲有限公司
華城企業公司

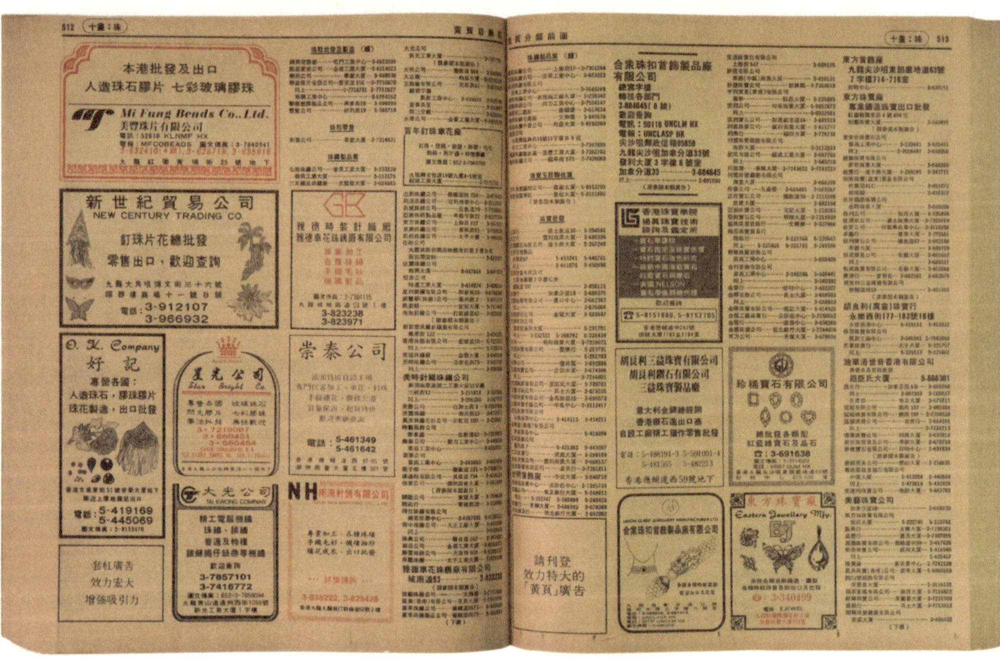
本港批發及出口
人造珠石膠片 七彩玻璃膠珠
Mi Fung Beads Co., Ltd.
美豐珠片有限公司
新世紀貿易公司
NEW CENTURY TRADING CO.
釘珠片花總批發
零售出口，歡迎查詢
電話：3-912107
3-966932
O. K. Company
好記
專營各國：
人造珠石，膠珠膠片
珠花製造，出口批發
電話：5-419169
5-445069
套紅廣告
效力宏大
增強吸引力
大光公司
TAI KWONG COMPANY
3-7857101
3-7416772
崇泰公司
5-461349
5-461642
請刊登
效力特大的
「黃頁」廣告
胡炳利三益珠寶有限公司
珍瑞寶石有限公司
東方珠寶廠
Eastern Jewellery Mfy.

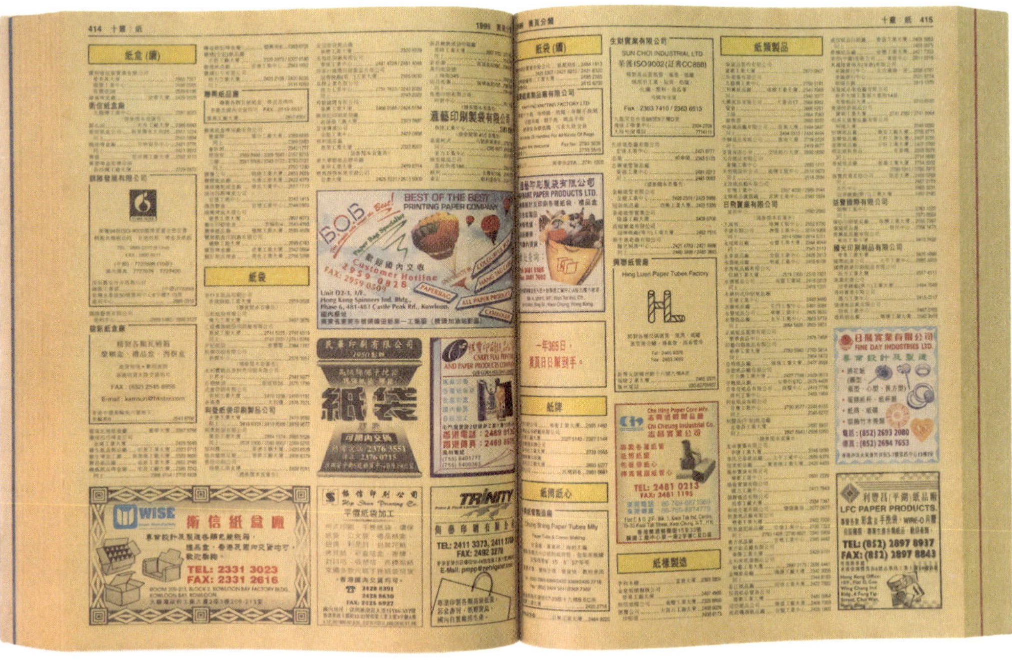
紙盒(續)
紙袋
BEST OF THE BEST PRINTING PAPER COMPANY
紙袋
衛信紙盒廠
TEL: 2331 3023
FAX: 2331 2616
TRINITY
紙袋(續)
紙類製品
紙筒紙芯
紙樣製造
一年365日，週質日日賓到手。
LFC PAPER PRODUCTS.

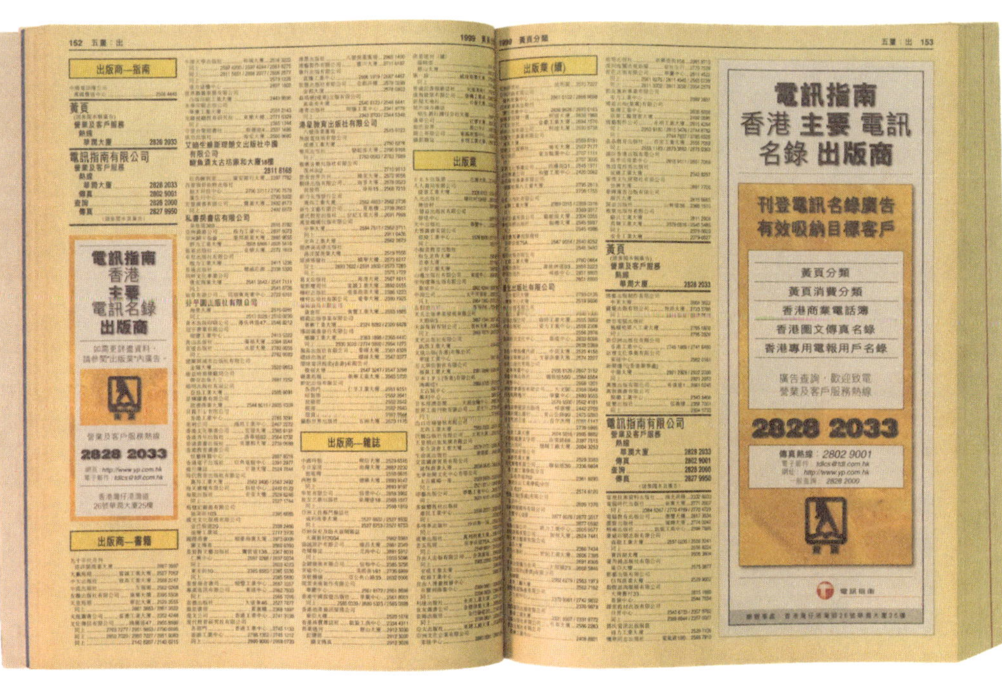
出版商—指南
電訊指南有限公司
電訊指南
香港
主要
電訊名錄
出版商
2828 2033
出版商—書籍
出版商—雜誌
出版商
出版商(續)
電訊指南
香港 主要 電訊
名錄 出版商
刊登電訊名錄廣告
有效吸納目標客戶
黃頁分類
黃頁消費分類
香港商業電話簿
香港圖文傳真名錄
香港專用電報用戶名錄
2828 2033

1978 年和之前，電話簿只是分香港及離島、九龍及新界兩大區；1978 年之後，電話簿開始分香港、九龍和新界三區。以下是不同年份和版本的電話簿：

1972 年　港島及離島電話簿（英）

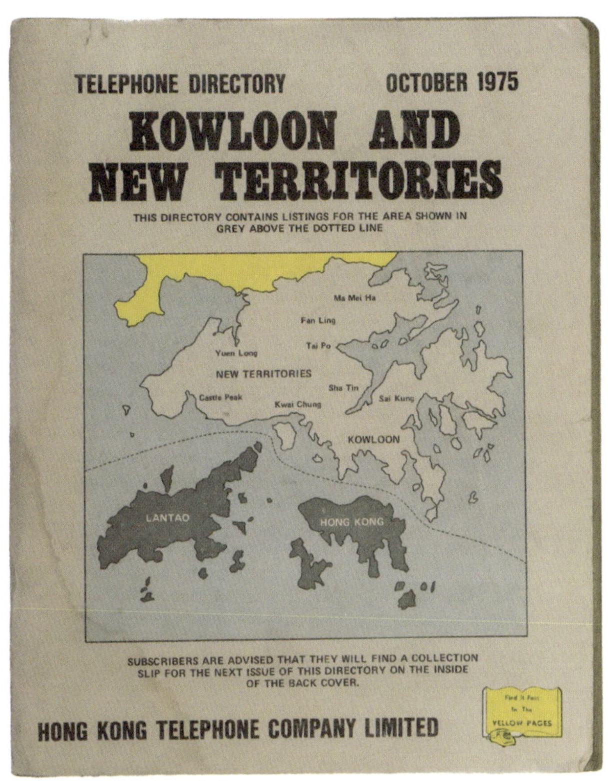

1975 年　九龍及新界電話簿（英）

1976 年　港島及離島電話簿（英）

左｜1977-78 年　港島及離島電話簿

中｜1978 年　九龍及新界住宅電話簿（英）

右｜1979 年　新界住宅電話簿（英）

n and
ritories
IORY 1978

Residential Telephone Directory 1979
The area covered by this directory is shown on the back
12

左｜1982 年　九龍住宅電話簿

中｜1982 年　新界住宅電話簿

右｜1983 年　港島住宅電話簿

區住宅電話簿
分區地圖

一九八三年'5'字頭地區住宅電話簿
請參閱封底之分區地圖

1986 年　新界住宅電話簿

1987 年　港島住宅電話簿（英）

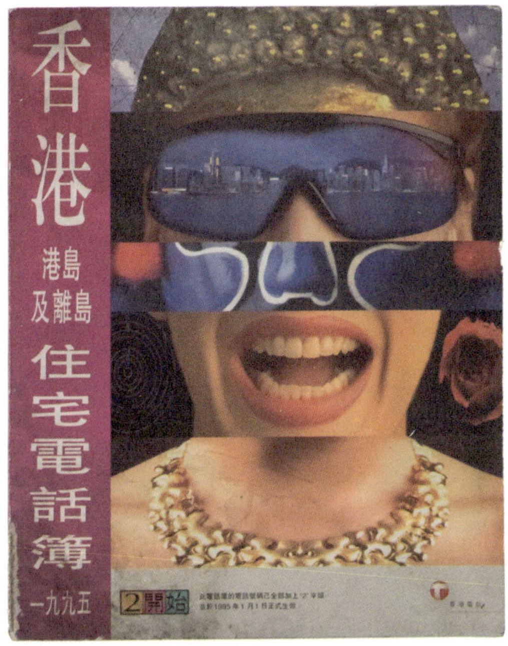

左上｜1995 年　港島及離島住宅電話簿

右上｜1995 年　九龍住宅電話簿

下｜1995 年　新界住宅電話簿

商業電話簿

1

黃頁分類
電話簿1984

2

一九八四年商業電話簿
BUSINESS
Telephone Directory
1984

3

黃頁分類電話簿1985
6:03
QUARTZ

4

5

7

黃頁分類電話簿89

6

1｜1981 年　商業電話簿

2｜1984 年　黃頁分類電話簿

3｜1984 年　商業電話簿

4｜1985 年　黃頁分類電話簿

5｜1985 年　商業電話簿

6｜1989 年　黃頁分類電話簿

7｜1988 年　大嶼山電話簿

1

2

3

4

5

6

7

8

9

1 | 1991 年　九龍消費指南（黃頁）

2 | 1991 年　九龍消費指南（黃頁）（英）

3 | 1991 年　商業電話簿

4 | 1998 年　商業電話簿

5 | 1998 年　商業電話簿（英）

6 | 1999 年　商業電話簿

7 | 1999 年　黃頁分類電話簿

8 | 1999 年　傳真電話簿（英）

9 | 2001 年　香港特別行政區政府電話簿

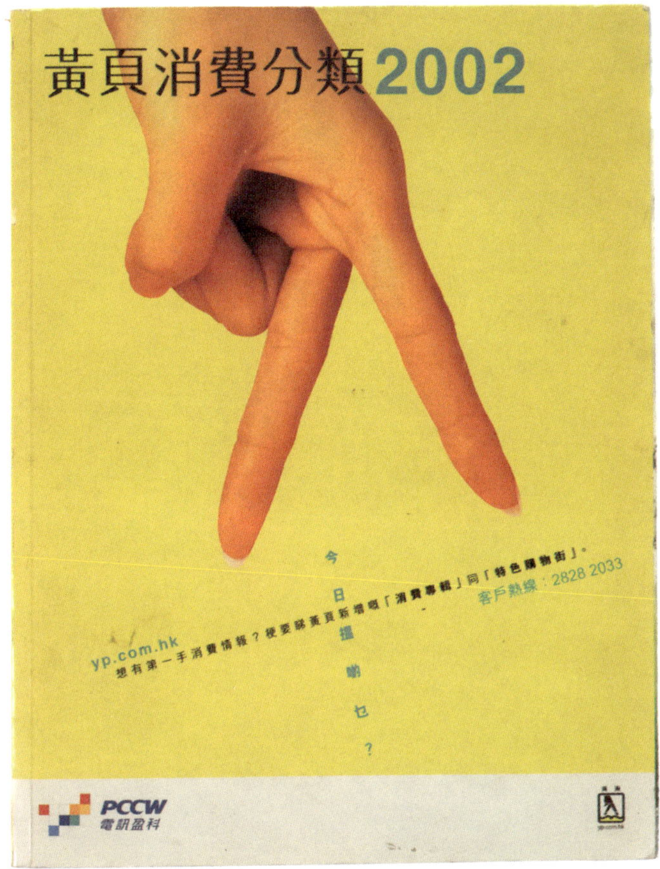

11

12

13

14

15

16

11｜2002 年　黃頁消費分類電話簿

12｜2003 年　黃頁消費分類電話簿

13｜2003 年　商業電話簿

14｜2005 年　商業電話簿

15｜2007 年　黃頁分類電話簿

16｜2018 年　黃頁分類電話簿

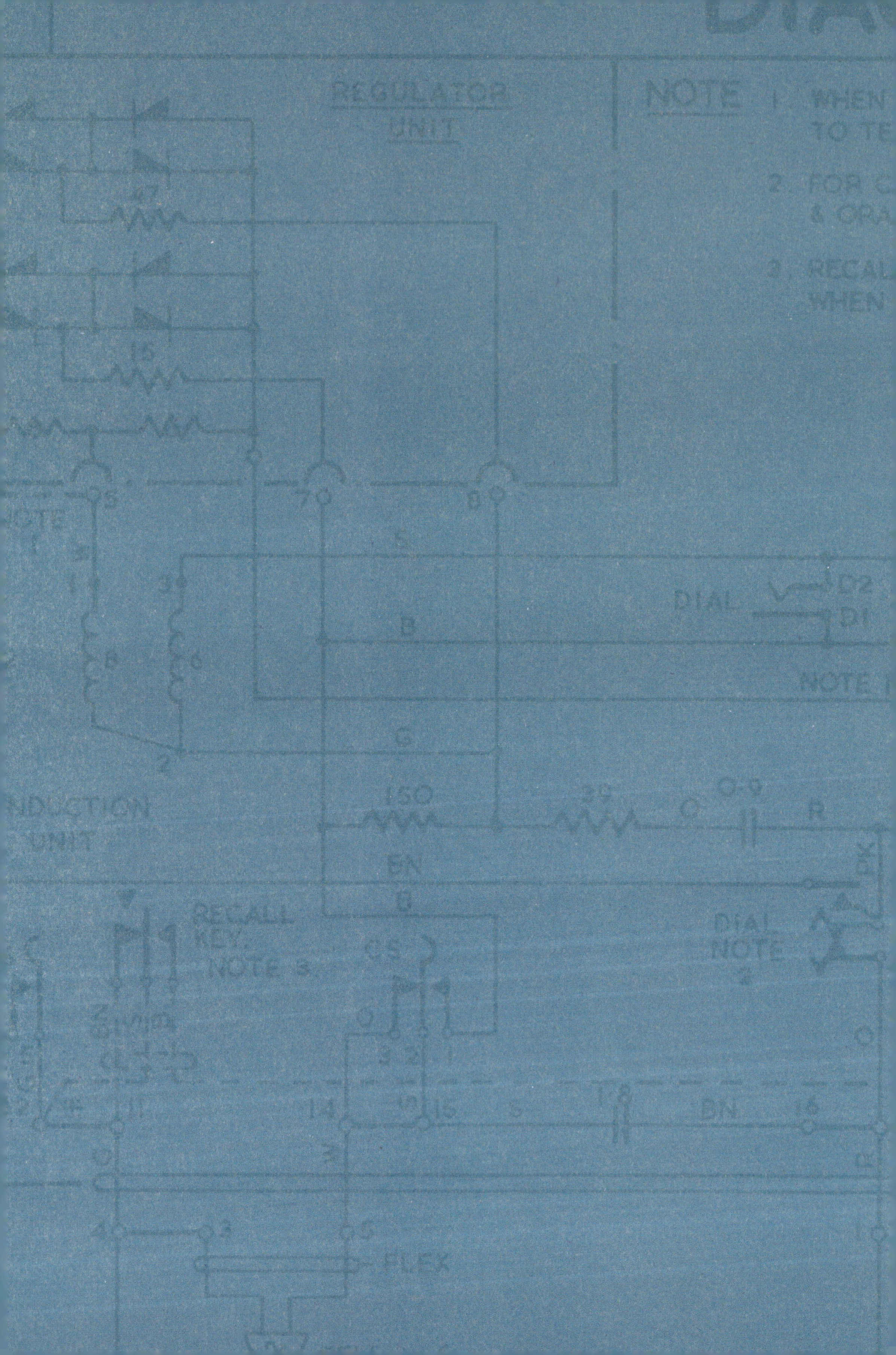

REGULATOR
UNIT
NOTE 1. WHEN
TO TE
2. FOR C
& ORA
3. RECAL
WHEN
47
15
DIAL
D2
D1
NOTE 1
INDUCTION
UNIT
150
39
RECALL
KEY.
NOTE 3.
DIAL
NOTE
2
FLEX

第2章

20世紀舊電話背後的理論和技術

撥輪式電話機基本構造

下面這款電話在 1960 年代稱為「9 號 A 電話」，在當年是最普遍使用的電話。雖然現在已進入集成電路年代，但坊間仍可見到它的蹤影，有很多朋友仍想尋找這款電話作為紀念。現在就讓筆者為大家介紹這款電話的基本構造。名稱以英文為準。

☎ | 9 號 A 電話 | P.156

1｜撥盤（Dial）

2｜受話器（Receiver）

3｜送話器／講咪（Transmitter）

4｜交流電鈴（Alternating current bell coil）

5｜電容器（Capacitor）

6｜感應線圈（Induction coil）

7｜接線盒（Block connecting）

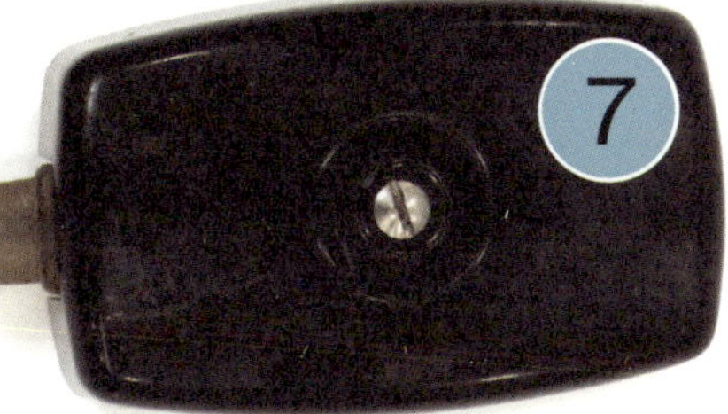

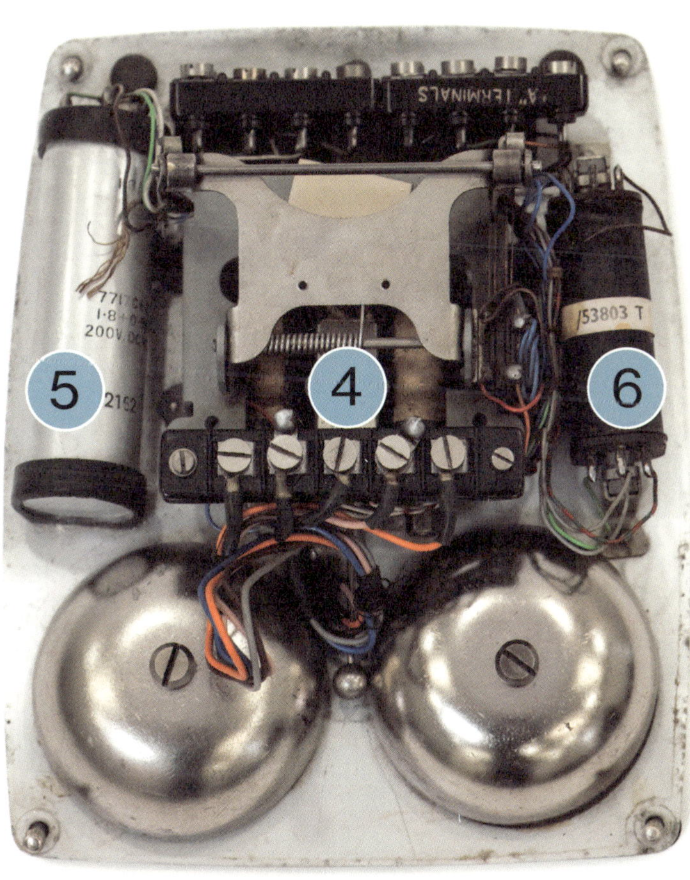

1｜撥盤：透過撥輪輸入電話號碼，發出脈衝訊號。發出脈衝訊號的原理將會在本章第二節簡單解釋。

2｜受話器：接收聲音。接收器是一個金屬盒子（見右頁圖），底部有一塊磁鐵，磁鐵頂部延伸了一片可上下搖擺的鐵片。盒子頂端有一片鋁薄膜，薄膜底部有一小柱與磁鐵搖擺鐵片相連。磁鐵兩旁各有一個繞著線圈的鐵芯。當送話器薄膜振動造成變動電流，傳送到受話器一端，鐵芯受線圈電流影響而磁化，與磁鐵搖擺鐵片之磁極，產生同性相拒、異性相吸的現象。搖擺鐵片受磁力變化而吸下或推上，都會令薄膜跟著振動，薄膜便會發出聲音。

3｜送話器／講咪：傳送聲音。送話器是一個杯形金屬器（見右頁圖），外殼前端有一塊鋁質薄膜，薄膜背面接著一塊可活動炭塊，而杯底則有有另一塊固定炭塊，兩塊炭塊中間放滿了細小的炭顆粒（炭塊與炭顆粒都是導電物體）。當通電後，電流由送話器端，穿透過活動炭塊、炭顆粒和固定炭塊，從送話器另一端輸出，電壓不變。當我們對送話器說話時，聲音會令薄膜振動，聲音停止後，薄膜會回復正常位置。由於說話的聲音有高低、大小聲之別，薄膜受振動的程度不一，活動炭塊跟著向前擠壓炭顆粒的力度亦不同，炭顆粒被擠壓令電阻降低，電流增加。不斷說話，電流大小隨之變動，這就是聲音轉成電流的原理。

4｜交流電鈴：令鐘鎚擺動，敲打鐵鐘。「交流電」即是指電流在導線中輪流轉換極性。電話公司的響鐘電流是 75 赫茲（Hz），即是每秒鐘變動 75 次。交流電鈴與受話器工作原理差不多。

在響鐘裝置中央有一塊磁鐵（見第 78 頁圖），磁鐵頂端有一塊可擺動鐵片（Armature），由於它是磁鐵伸延部分，所以有磁鐵性能。磁鐵兩旁各有一條軟鐵柱（Soft-Iron yoke），繞滿漆皮線圈。擺動鐵片中央有一個鐘鎚（Bell hammer），當它擺動時可敲打兩旁的鐵鐘（Bell gong）。正常情況下，擺動鐵片與兩邊的軟鐵柱保持平均距離，當振鈴電流經過線圈，線圈通電令軟鐵柱的磁力加強，將擺動鐵片一端吸下。由於交流電極向是不斷交替的，令兩條軟鐵柱的線圈極性輪流變動，導致擺動鐵片左右輪流被吸下，讓鐘鎚左右擺動，做出響鐘效果。

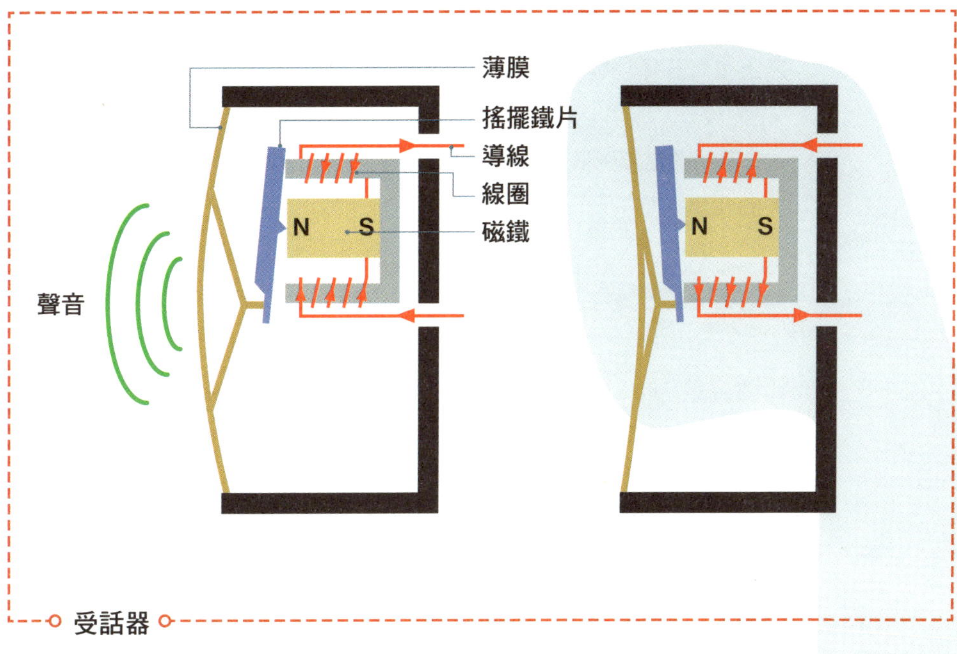

受話器

送話器／講咪

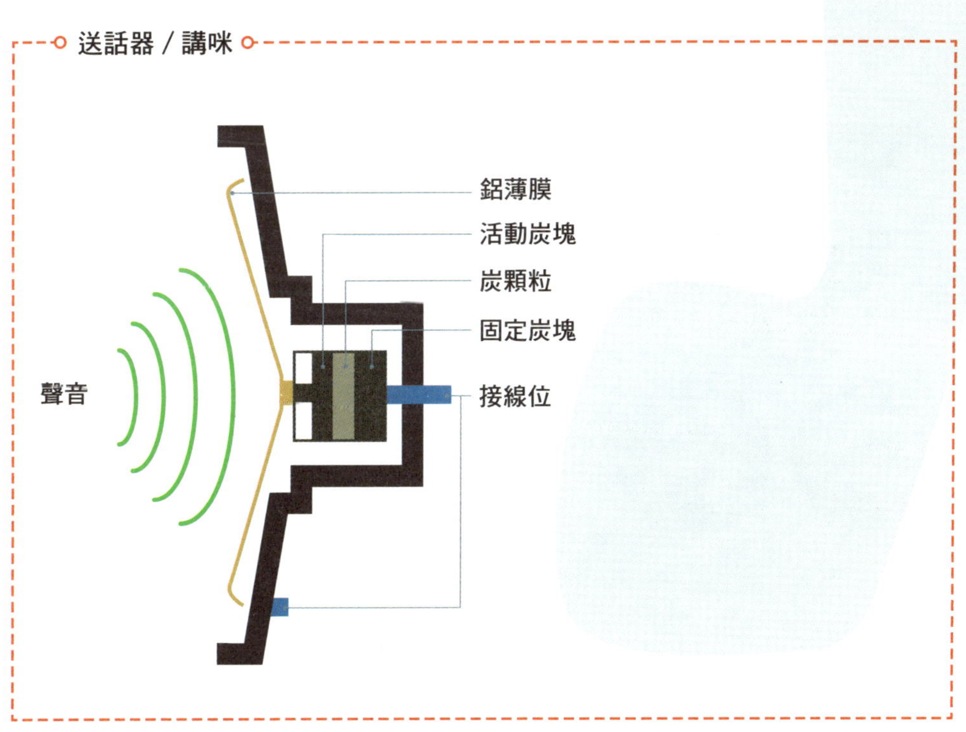

5｜電容器（Capacitor）：讓交流電通過，阻止直流電。電容器在電話線路上，有三種功能：

i. 當電話送話器薄膜受振動而產生變動電流，可從導線經電容器連接對方的電話線路；

ii. 電話機樓響鐘電流可經電容器響動電鈴；

iii. 維修電話時，機樓測試員會在線路上接駁一個電錶（Volt-meter），用來測試電話的電容器「叉電」（Charging current）及「放電」（Dis-charging current）現象，用以顯示電話線路是否正常。

6｜感應線圈（Induction coil）：幫助改善打電話時候的聲音。感應線圈是纏繞在軟鐵柱上的漆皮線圈，可以是一組或多組線圈，亦會根據不同的方向和圈數，呈現不同的效果。在電話線路上，它有兩種功能：

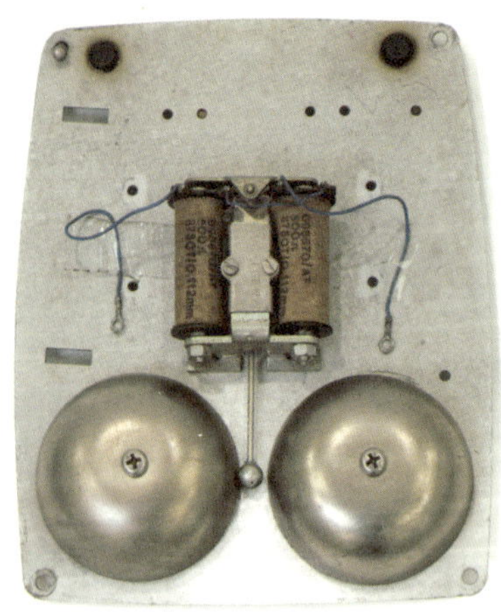

響鐘裝置

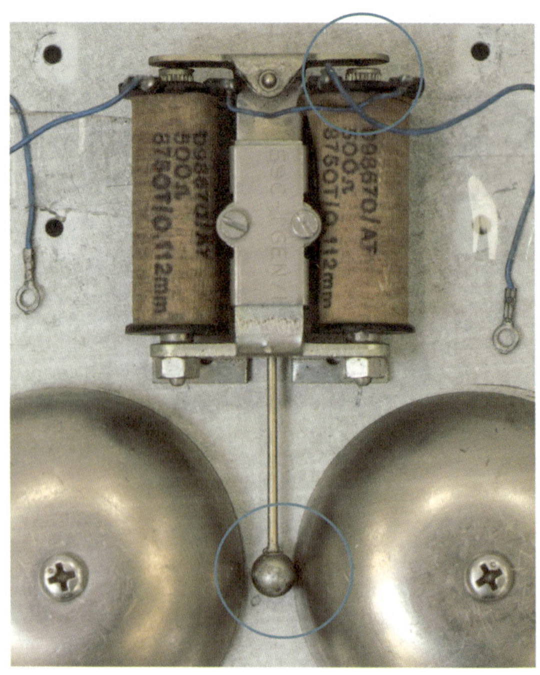

i. 當聲音轉成電流，經過感應線圈與另一線圈相加，可令聲音電流增大，讓我們聽得更清楚。

ii. 當我們拿著聽筒說話時，感應線圈會同時讓我們聽到自己的聲音（Side-tone，又稱「襯音」）。「襯音」一般是很微弱的，而因為這個「襯音」，我們會知道電話是在操作中。如果沒有「襯音」現象，便會覺得毫無生氣（Dead air）。

7｜接線盒（Block connecting）：用來連接街線與電話機尾線（Cord connecting），1970 年代後已改成插掣式，方便客人自行購買電話機，又或者在搬遷時自行拔掉電話機一同帶走。如新住址已裝有插座，只要預先通知電話公司，他們便會在指定日期將電話號碼轉到新址，無須派人上門安裝。

電話知識趣談 …………… **一閣兩掣**

筆者有朋友收藏電話機，偶爾會收到一些電話機接線尾端連住一個電器插頭的電話，覺得很奇怪。原來這是當年的民間智慧，早年流行「前舖後居」的做生意和居住方式，又或者樓底較高，可加建一層閣樓作起居之用。電話一般都安裝在前舖做生意，晚上在舖後或閣樓休息，若要打電話或聽電話，就得走到前舖，十分不方便；或者原來是家用電話，希望白天時拿出店去做生意。如加裝分機，除了安裝費，每月都要付分機費。因此，他們在接線盒外，另外在舖後或閣樓裡加裝兩個插座，又將電話接線尾端接上插頭，這樣便可以在有需要時移動電話機。這種做法最常見於新界的鄉郊小商店、士多雜貨舖。電話公司是不允許這樣擅自改裝電話機的，所以當上門維修電話時，會將接線尾端接回接線盒裡。當時筆者和其他維修員稱之為「一閣兩掣」。

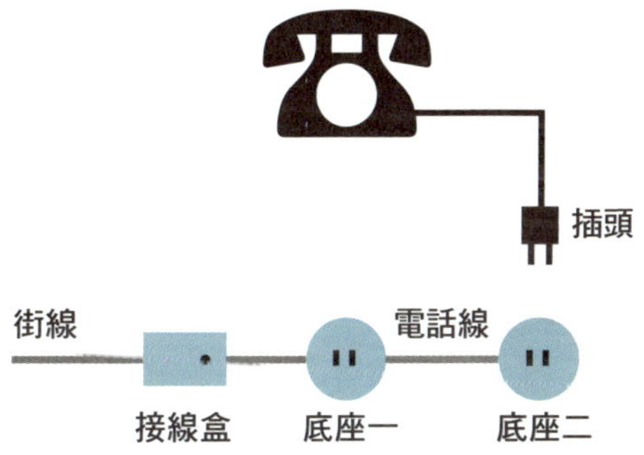

「一閣兩掣」即在接線盒以外，另外在店舖後或閣樓裡加裝插座，又將電話接線尾端接上插頭。

撥輪式電話攪盤工作原理簡介

從前人們打電話時，透過撥動電話機的攪盤輸入電話號碼，從而發出脈衝訊號。在這裡，要先說明甚麼是脈衝訊號。舉個例子：在一個穩定電壓中和在一個指定時間內，造出多次斷續狀態，這就稱為脈衝訊號。兩個脈衝訊號相隔的時間稱為「周期」，而在一定時間內（每秒）所產生的脈衝次數稱為「頻率」（Pulse per second, PPS），量度單位是赫茲。下面簡單講解攪盤的工作原理。下圖可清楚看見有兩塊接片（Buffer spring 和 pulse spring）是接觸著的。當我們用手指撥動攪盤上的「2」字，然後放開手指，彈簧令攪盤轉回原位。這個動作會帶動一片齒輪（Pulse wheel）轉動，推動觸發器（Trigger），將兩塊相觸的接片開合兩次。這意味著已經把第一次的脈衝訊號傳送到電話機樓。攪盤轉回原位後，兩塊接片再保持接合狀態，即可撥動攪盤上的數字號碼。

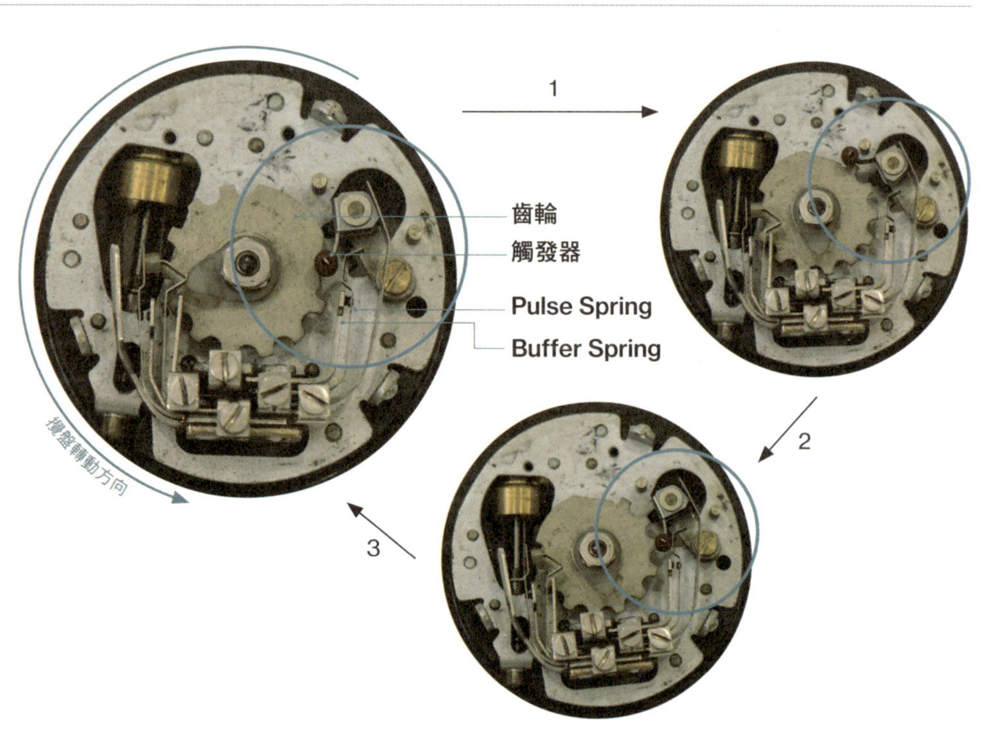

10號A電話（主機）| P.161

按掣鍵盤工作原理簡介

雙音多頻（Dual-tone multi-frequency, DTMF）按掣鍵盤，又名 touch tone。此項操作系統，是由美國人約翰．卡琳（John Karlin, 1918-2013）在 1960 年於美國貝爾實驗室（Bell Labs）研發的成果。1990 年後，世界各電話生產商都採用此種嶄新傳送模式。

按掣鍵盤的操作原理很簡單，在鍵盤線路上劃分四列三行，由一組振盪器（Oscillator）振盪七種頻率。正常狀態下，鍵盤按鍵與所有接點是沒有接觸的，舉例：當我們按下「2」字鍵時，接片便會接觸 1336Hz 及 697Hz 的線路上，這兩個頻率便會相加，然後輸送到電話機樓接收器，快速辨識所撥的號碼。按掣鍵盤的優點是準確性高，輸送時間短，不會打錯。

雙音多頻按掣鍵盤頻率

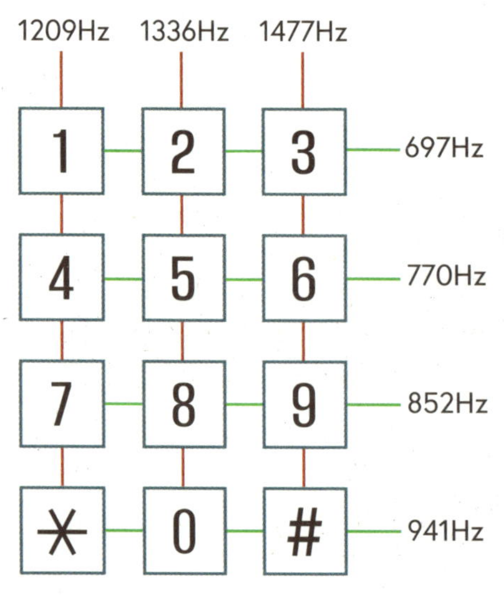

按下「2」字鍵時

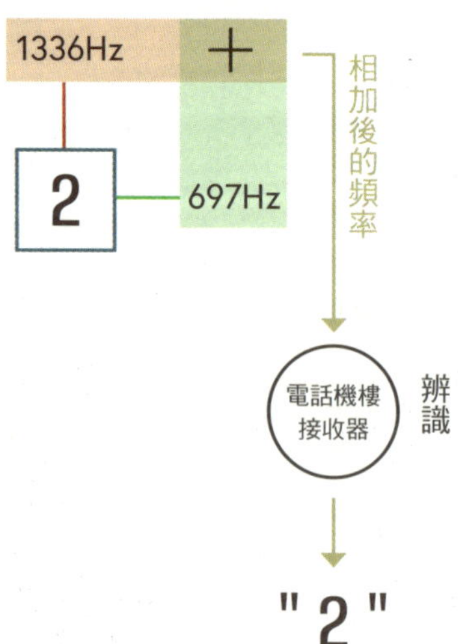

☎ | 20號K電話 | P.178

電話是如何接通的？

人手接線

在 1930 年以前，是透過總機人手接駁電話的。打電話時，要先拿起聽筒，拍動電話旁的聽筒掛鉤（Hook），那麼在總機接線枱上，屬於你的電話號碼的顯示器（Indicator）便會閃動，接線生看見顯示牌閃動，知道有人需要接線，便會應線。由於當年總機是用乾電池，即直流電操作，所以沒有任何訊息或聲音可聽到，客戶需要連續拍打聽筒掛鉤，令顯示器不停閃動，直到接線生應線為止。接線生應線後，你只需要說出對方的號碼，接線生便會用一條接線插到對方號碼的接孔中，再攪動小型發電器（Hand generator），搖響對方的電話，待兩方都接通後，接線生會說「電話已接通」，然後從線路中離開，讓兩方繼續通話。當通話完畢，顯示牌會再次亮起，接線生知道雙方通話完畢，便將接線收回，亦即「收線」。這就是為何現在我們通話結束後掛斷電話會俗稱「收線」。

現在為大家介紹一下電話總機（Switchboard）人手接線枱。右頁圖是一張 1920 年代、可接 60 個客戶的接線枱，大致分為三個部分：A、B 區及接線區。若有需要，可增加多一張接線枱接駁在一起操作。由於香港初期電話客戶不多，當年接線枱只須兩枱合併便足夠。

接線枱可分上半部和下半部，上半部也分開左方及右方。左方是 A 區，即撥打電話的用戶（Calling subscriber），設有客戶所屬的號碼顯示器，顯示器下方是該客戶的號碼及插線位（Jack strip）。客戶號碼可以不按順序排。右方是 B 區，即被呼叫的用戶（Called subscriber），同樣設有客戶號碼牌及插線位，但號碼是順序排列的。舉一個例子，當 A 區 251 號電話用戶提起聽筒，顯示牌便會亮起，然後接線生會先將接線區的一條紅色接線插入號碼 251 線位應線，如 251 客戶說要接 46 號電話，接線生再用另一條黑色線插到 B 區的 46 號線位，接著攪動小型發電器，搖響 46 號客戶的電話，待 46 號客戶應線後，接線生便會離開兩位客戶的線路，讓他們繼續通話。此時顯示器熄滅了，直至雙方通話完畢，顯示器又再亮著，接線生知道雙方已通話完畢，便收回紅色及黑色線。

接線生是做甚麼的？

1882 年香港第一間提供電話服務的東方電話公司，最初聘請的接線生，都是由庇理羅士女子中學（Belilios Public School）推薦的，因為她們能說流行的英語及葡語，與外商溝通絕無問題，但遇到要說中國內地其他外省方言，如潮州話、上海話、廣東話和客家話等，就會有點困難，就算是華人接線生都未必能夠認識所有鄉省語言，所以最初經常被客戶投訴溝通困難或接錯線。後來除了聘請會說不同方言的接線生，還在顯示器上塗上不同的記號，以作識別，例如當見到說上海話的客戶需要接線，便由懂得那種方言的接線生應線。另外有些特別記號的客戶，一定要優先應線，例如醫院、醫生、政府部門、銀行、保險人員等等。

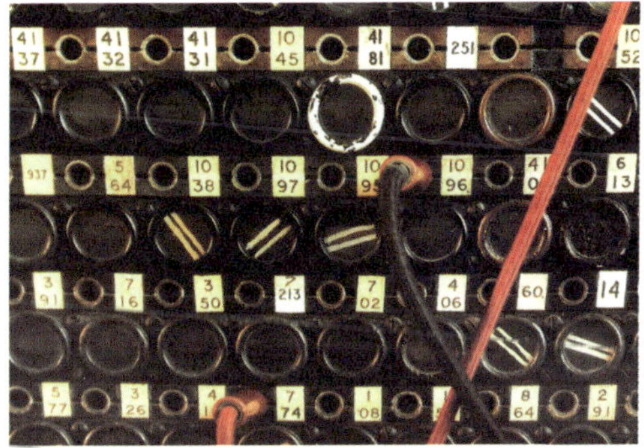

左｜1920 年代接線枱

右上｜A 區：撥打電話的用戶欄

右下｜B 區：被呼叫的用戶欄

根據一些老前輩口述，當年接線工作是三班制，晚上一般只有很少接線生當值。為了能夠提供 24 小時接聽電話服務，接線生幾乎把一切起居所需用具都搬到控制室內，煮食及睡覺都在這裡。當年晚上能夠成功打到電話算好彩數，據稱通常都要等一兩個鐘頭才能接通電話。因此初期電話並不受歡迎。另一原因，當年華商習慣面對面在茶樓邊飲茶邊談生意，合者即場書寫合同作實，若在電話談生意則有點「口講無憑」的感覺。再加上宣傳不足，實在難以吸引華商申請電話。後來香港電話公司接辦並繼續提供電話服務，更在 1930 年轉換自動接線系統，推出撥輪式電話，當時稱為自動電話，接線生年代亦告終結。

自動接線系統操作簡介

上文提到，電話公司於 1930 年轉用自動接線系統。這個自動接線系統是由經營殯葬的美國人阿爾蒙・布朗・斯特羅格（Almon Brown Strowger, 1839-1902）發明的。斯特羅格 22 歲時應徵入伍，在軍中當軍號手，1864 年退役，之後在家鄉當教師。1882 年，斯特羅格在堪薩斯州買了一間殯儀館，當年電話是須經接線生接線的。某日，斯特羅格發現有一接線生是他同行對手的女友，她把一切有關業務的電話都轉接到對手那裡，令斯特羅格的殯儀業務一落千丈。斯特羅格意識到，若要解決這個問題，必須要發明一種免除人手的自動接線機器。

最初，斯特羅格利用一個圓形硬紙盒，於上插上十排十列共 100 根釘子，通過控制鉛筆的水平及垂直運動，便可做成 100 條線路，並在 1891 年 3 月 10 日獲得專利權。後來在他的侄子幫忙下，生產交換機模型，但這模型始終未能正常操作。1891 年斯特羅格和他的商業合作夥伴，在印第安納州拉波特縣成立了斯特羅格自動電話交換機樓（Strowger Automatic Telephone Exchange）。1892 年，斯特羅格在一公開場合展示他的發明，但此發明在早期仍有缺陷，例如當某條線路使用中，仍可被別人搭進來，使用者又要記住按下按鍵的次數。最初設計線路只得 99 組號碼，後來不斷改進，到了 1896 年，成功設計出攪盤，每次都能準確控制起動次數，另外又可自動跳過已經佔用中的線路。1989 年開始，業務開展至歐洲各地。斯特羅格去世十幾年後，貝爾公司以 250 萬美元收購自動電話交換機。

本節會簡單介紹香港自動機樓的操作狀況，讓大家容易理解，有關複雜零件操作都會略過。

筆者會以一部四位數字號碼的機樓作例子。四位數字號碼的機樓，操作過程涉及的組件包括線路選線器（Line finder）、兩組選擇器（First group selector、second group selector）和一組最後選擇器（Final seclector）。

假設我們是由灣仔電話號碼 7654，打電話到中環 2345 號碼，當我們提起聽筒那刻，便立即觸動本區機樓（灣仔）的自動接線系統，系統隨即啟動兩條線路：（一）透過線路選線器搜索一組可使用的線路（第一組選擇器），等候下一個訊號指示（即攪盤所發出的脈衝訊號）；（二）將我們的電話線連至一條「街線訊號」線路，讓我們知道可以開始撥動攪盤。當撥完第一個數字「2」（兩下訊號）後，「街線訊號」便會停止。

當第一組選擇器收到兩下訊號，其電刷（Wipers）便會垂直向上升兩格，然後停止，等候第二次的訊號。由於 2 字是中環區號碼字頭，線路便轉接到中環機樓內的第二組選擇器等待訊號。當我們撥動攪盤上的「3」字時，第二組選擇器的電刷隨即機械式向上升三格，然後停止，準備連接至最後選擇器。當我們撥動第三個數字「4」，最後選擇器的電刷會向上升四格，然後停止，再根據第四個數字「5」打完後，在同一裝置上水平移動五格。這樣一來，中環區機樓的自動系統線路便會啟動兩條線路：（一）連接一個響鐘電流，使對方的響鐘響起；（二）連接響鐘訊號至打電話方，表示正在接線中。當被呼叫方應線後，響鐘電流及訊號停止，兩方已連接在同一線路上，可以通話。通話完畢後，兩方放下聽筒，所有連接線路中斷，全部回到備用狀態。

如果被呼叫方的電話是在同一區，則全部操作都會在同一機樓操作。

電話公司曾贈送一座自動接線系統及一座人手接線枱予香港科學館，可惜兩樣實物都因失修而不能使用，現在大家如想觀賞自動接線電話系統的操作情形，只能在網上翻看紀錄片集。香港電台節目《香港故事》第八集就有相關片段。

一線兩機（姊妹線）原理

上一章曾提到，香港於戰後出現「電話荒」，為了減低申請電話輪候時間，電話公司試行一項臨時服務「一線兩機」（Party line），又名姊妹線，即一條電話線供兩戶使用，各自擁有獨立的電話號碼。安裝「一線兩機」有三項要求：

（一）商業電話不作考慮；
（二）要先得現有電話客戶同意；
（三）兩客戶不能相隔太遠，可於同一大廈不同樓層。

後頁圖（上）是獨立電話線路簡圖。從圖中可見，當有響鐘電流（Ringing current），從電話機樓經電話線一端輸送，然後經過電話響鐘裝置（Bell coil），再從電話線另一端（Return current）返回機樓，電話發出響聲。

後頁圖（下）是「一線兩機」線路簡圖。從圖中可見，兩部電話的響鐘電流線路是分開的，經各自的電話響鐘裝置後，連接到金屬水管處作為返回電流，所以只會有一部電話發出聲響，另一部電話不受影響。由於兩部電話接在同一條線路上，當 A 電話正在使用中的時候，B 電話就不能使用；若 B 電話提起聽筒，就能夠聽到 A 電話的通話內容。

當年由於申請電話及搬遷電話需求量急升，而加鋪電纜要先向路政處申請動工紙，獲批准後，再請承辦商掘開路面，乃大工程，需時甚久，所以才推出「一線兩機」的服務。正如上文所說，「一線兩機」缺點是當有一方在使用中，另一方除了不能打出或打入外，更可聽到另一方談話的內容，導致雙方經常爭吵，因此並不受市民歡迎。電話公司起初是會先寄信給舊有電話客戶，請求他們同意與新客戶共用一線。為了讓新舊客戶接受，在收費方面稍作調低，並承諾短期內會轉回獨立線。最初新舊客戶都只是收取月費的一半費用，[1] 後來再作調整減少四分之一的電話費。[2] 然而，「一線兩機」服務的使用率一直不太理想，電話客戶大多還是不願與其他人共用電話線。電話公司的態度越發強硬，在報章上表示，新申請電話或遷移電話時，若新地址地下電纜不足，有機會要與其他申請者共用一線，不願意者可取消申請。[3] 有用戶亦在讀者論壇上發文譴責電話公司強行配搭同線電話的處理方法。[4]

直至 1970 年代，電話公司從英國引入了一套系統，稱為「1+1 Subscribers Carrier System」。這個系統可讓「一線兩機」用戶互不干擾。原理是讓一方利用聲音傳送傳送訊號，另一方則經載波器，將訊號調至

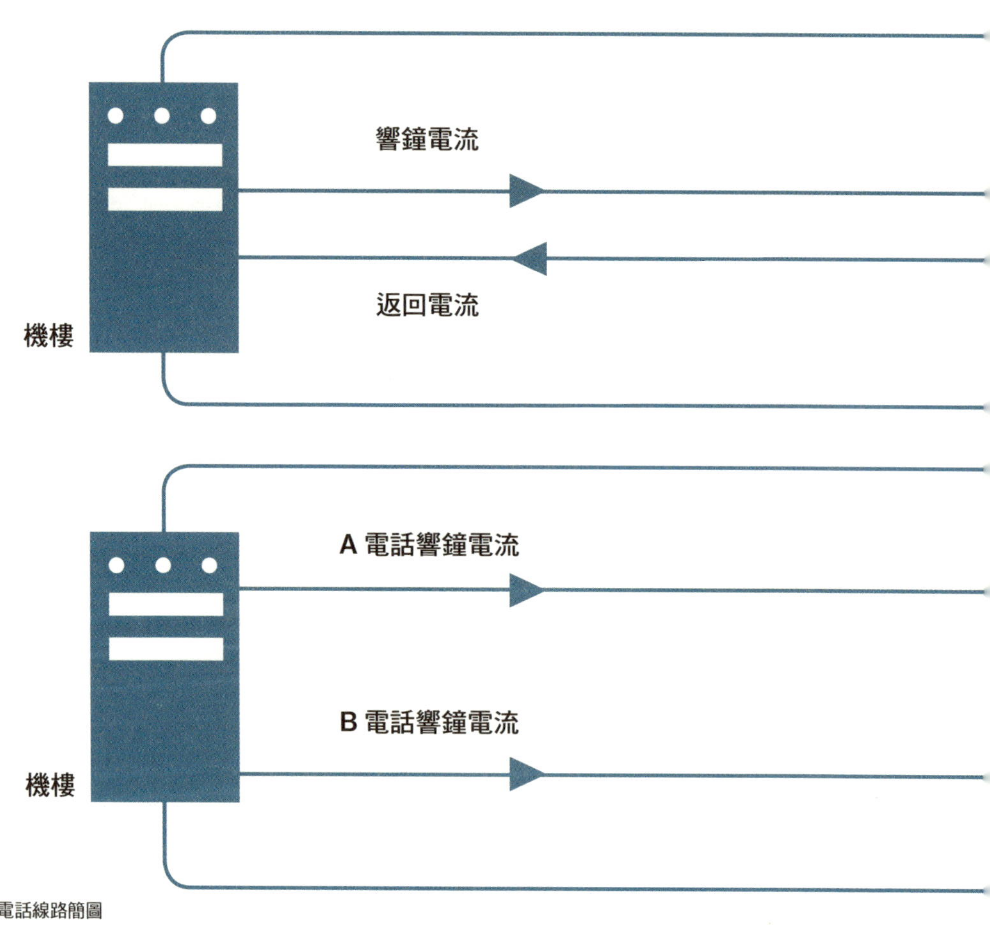

上｜獨立電話線路簡圖

下｜「一線兩機」線路簡圖

高頻，在同一導線傳送。雖然兩方都是使用同一導線，但因為兩方使用不同的制式傳送，所以彼此不受干擾，可同時使用電話，不再因爭用電話而引起爭執。

「一線兩機」由 1948 至 1970 年代初共使用了約 20 年。1966 年以後，地下電纜數量大增，隨著多區新機樓陸續落成，電話擴展強大網絡。電話號碼增加，「一線兩機」使用率下降，後來只作臨時輔助或短期用途，使命終告一段落。

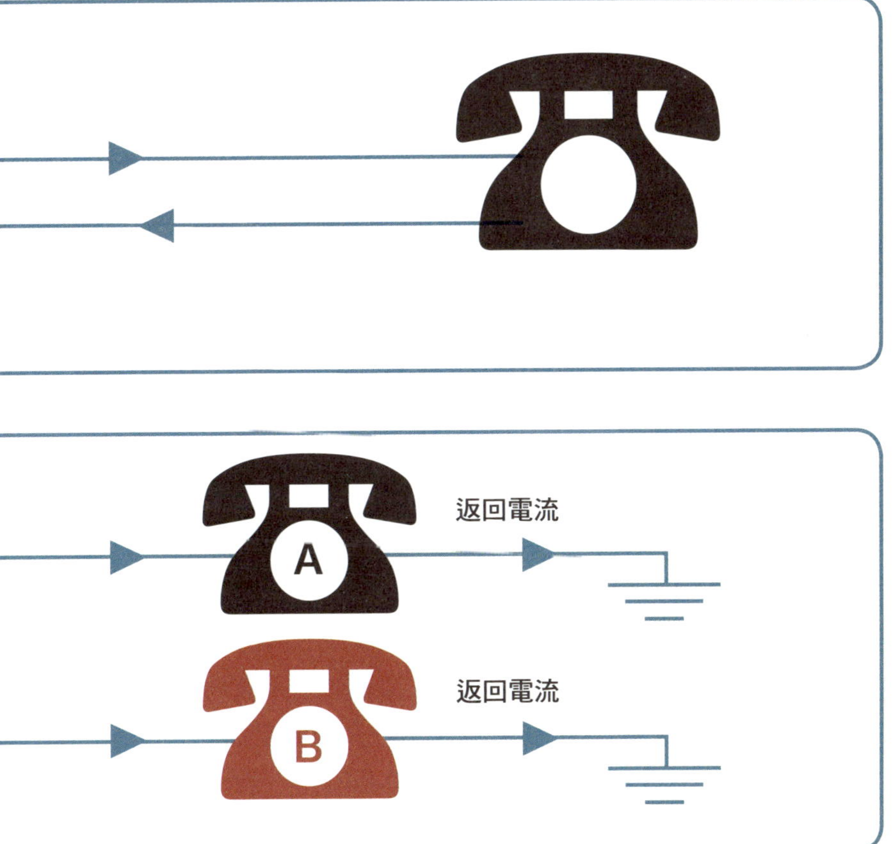

⑦ 公眾收費電話機

早期公眾收費電話機

筆者無法查證香港是由何時開始出現公眾電話機。翻查資料，最早提及公眾電話是在 1920 年 1 月 1 日《華字日報》的報道，報道指山頂道「新橋棚」將安裝公眾電話亭，號碼為 816，但內容並無說明是收費電話抑或給顧客叫喚轎夫服務的普通電話。此外，1926 年 5 月 15 日西報 *Hong Kong Daily Press* 的報道指，有一名外國婦人投訴九倉小輪（今天天星碼頭）外的公眾電話有故障。由此可見，香港至少於 1920 年代已有公眾電話機。1948 年 3 月 22 日《工商日報》有報道指出，電話公司為便利一般市民在公眾地方通話，規劃恢復公眾電話機。當時只有四個地點設有公眾電話機，分別在香港大酒店、美利權餐室、德輔道中安樂園及皇后大道中皇后戲院對面的安樂園支店。每次通話收費 4 毫。市民欲借用電話時，要先到該餐室或大堂收銀處，用 4 毫換取一個銅幣，然後到公眾電話機，提起聽筒，等待接線生應線，說出你要打的電話號碼；待接線生接通電話，對方應線後，才將銅幣放入箱內，當接線生聽到「叮」一聲後，便放行通話。

這款公眾電話機構造很簡單，它是一個鐵箱電話，可座枱或掛牆，分上下層，上層是電話及機械部分，下層是錢箱。電話機沒有攪盤裝置，需要由接線生代打電話。電話頂部有一可投入銅幣的入口，入口很窄，只能通過所換取的銅幣，防止人們用其他硬幣來欺騙接線生。銅幣的體積比當年一毫稍厚及大。當銅幣經過入口，便跌落一條向下斜的滑槽，軌道角度稍傾斜，令銅幣貼著軌道滑行，不會左搖右擺。軌道頂部有一金屬尺（Coin gauge），高度剛好低過銅幣一點，所以銅幣能順利滾到路軌盡頭。在盡頭有一銅鐘（Bell gong），當銅幣撞到銅鐘，會發出聲響，然後跌落錢箱內，接線生就憑這聲響確認你已付了錢。如果你投入的假幣體積小過銅幣，在經過路軌時，假幣頂部觸不到金屬尺，就會在途中跌下。此外，要聽到接線生的提示方可投入銅幣，否則接線生聽不到鐘聲，均當作未付錢。至於為何要用銅幣，可能是因為當年多是座枱式電話機，就算電話被偷掉，錢箱內的也只是不值錢的銅幣而已。而電話機放在近收銀處位置，是為了方便找換銅幣及監察公眾使用電話的情況。

這款公眾電話機也有不足之處：（一）保安問題，一定要安裝在室內，但商戶一般並不太歡迎非光顧的人進入店內打電話；（二）人手問題，市民要到收銀處換取特別銅幣，增加商戶人手處理找贖，以及定時從錢箱取回銅幣以作重複使用；（三）要經接線生接駁電話，繁忙時，打電話需要等候很久。

香港第一款掛牆式投幣公眾電話機操作原理

最初公眾電話未設撥盤，駁線仍需接線生代勞，到了 1954 年 1 月，一款從英國引進的經改良的掛牆式投幣公眾電話機（Mechanism coin collecting box，見後頁圖）提供服務。它的優點是機頂已設有撥盤，使用者可自行投幣打電話，不需要接線生代接線，如未能接通可按鍵退錢。初期每個電話機都配置了電話號碼，可供打入，後來發生不少爭用電話的情況，電話公司不再公開公眾電話機的號碼。[5] 電話機身是用鋼物料造成的，能抵擋撬鑿破壞。

這款電話機只收港幣 1 毫。用法是先提起聽筒，當聽到撥號音（街線聲）後，將三個 1 毫投入機頂入錢坑槽，便可開始撥動撥盤。當電話接通後，按機前的 A 掣（Answer）便可通話。所入之 3 毫子將全收到錢箱內，若電話未能接通，可按 B 掣（Back money）全數退回。但如在退錢時錯按 A 掣，全部硬幣即會跌進錢箱裡，初期有很多想退錢的人因誤按 A 掣而向電話公司投訴。此時自行撥打公眾電話只適用於港九地區，若要打電話往新界，要先撥 0 字，待接線生應線後，說明欲打往何處，然後在接線生監聽下，將應付硬幣投入坑槽便可，接線生便會代接到對方電話。[6] 此電話機又俗稱為「AB 機」。

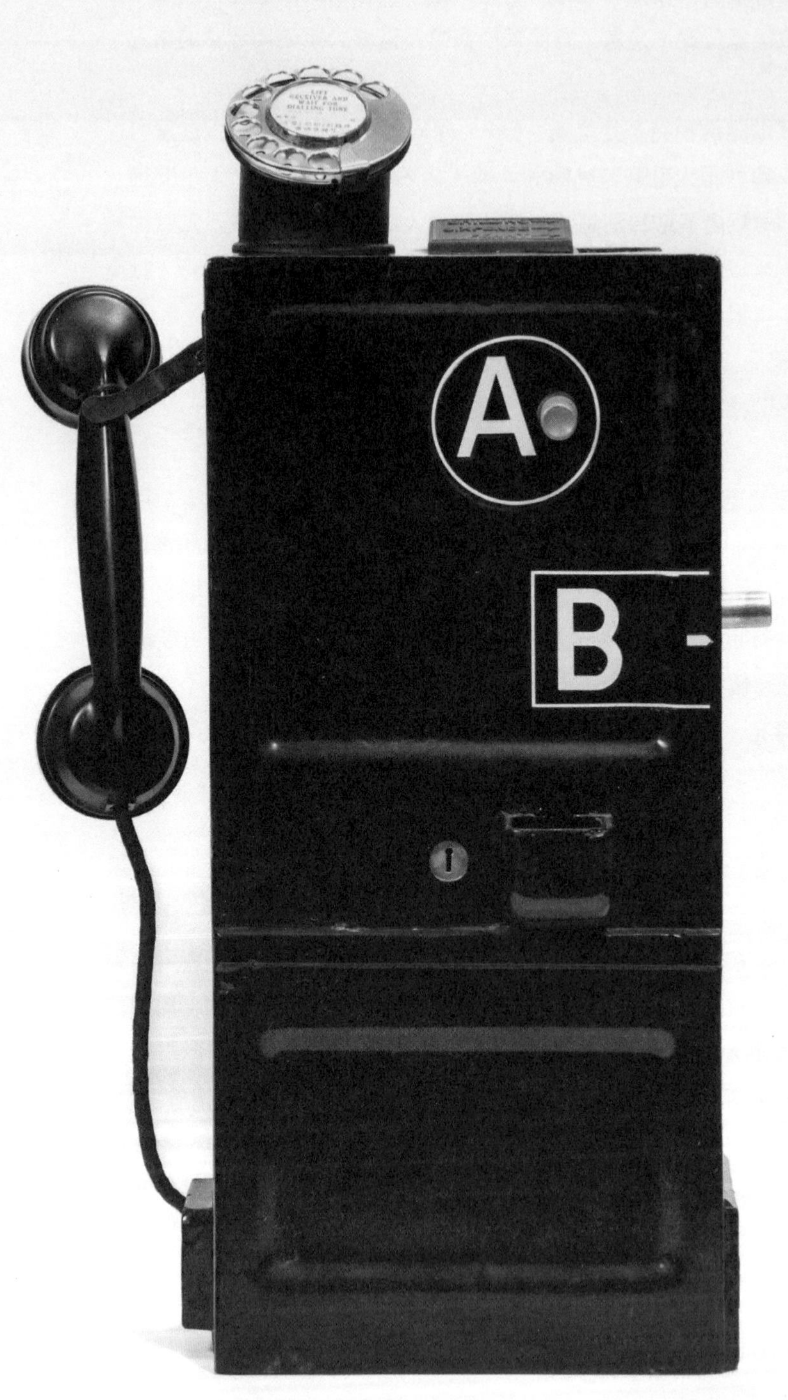

香港第一款掛牆式投幣公眾電話機

「AB 機」主要部件 *

1｜投幣處（Coin slot）

2｜斜橋（Coin rail）

3｜金屬尺（Coin gauge）

4｜銅鐘（Bell gong）

5｜直槽（Swinging container）

6｜槓桿（Balance arm）

7｜秤砣（Counter weight）

8｜錢箱槽口（Deposit chute）

9｜退錢槽口（Refund chute）

10｜A 按鍵（A button）

11｜B 按鍵（B button）

* 以英文為準

為讓大家更容易明白「AB 機」的操作原理，有些有關電路上的複雜操作控制都會略過。

當硬幣由投幣處沿斜橋滾動到盡頭，會先撞到銅鐘，然後跌落直槽內，停在槓桿上。直至第三個毫子停在直槽後，重量足夠將槓桿前端壓低，另一端升起觸發攪盤操作線路，這時候便可用攪盤撥打號碼。

「AB 機」的操作原理

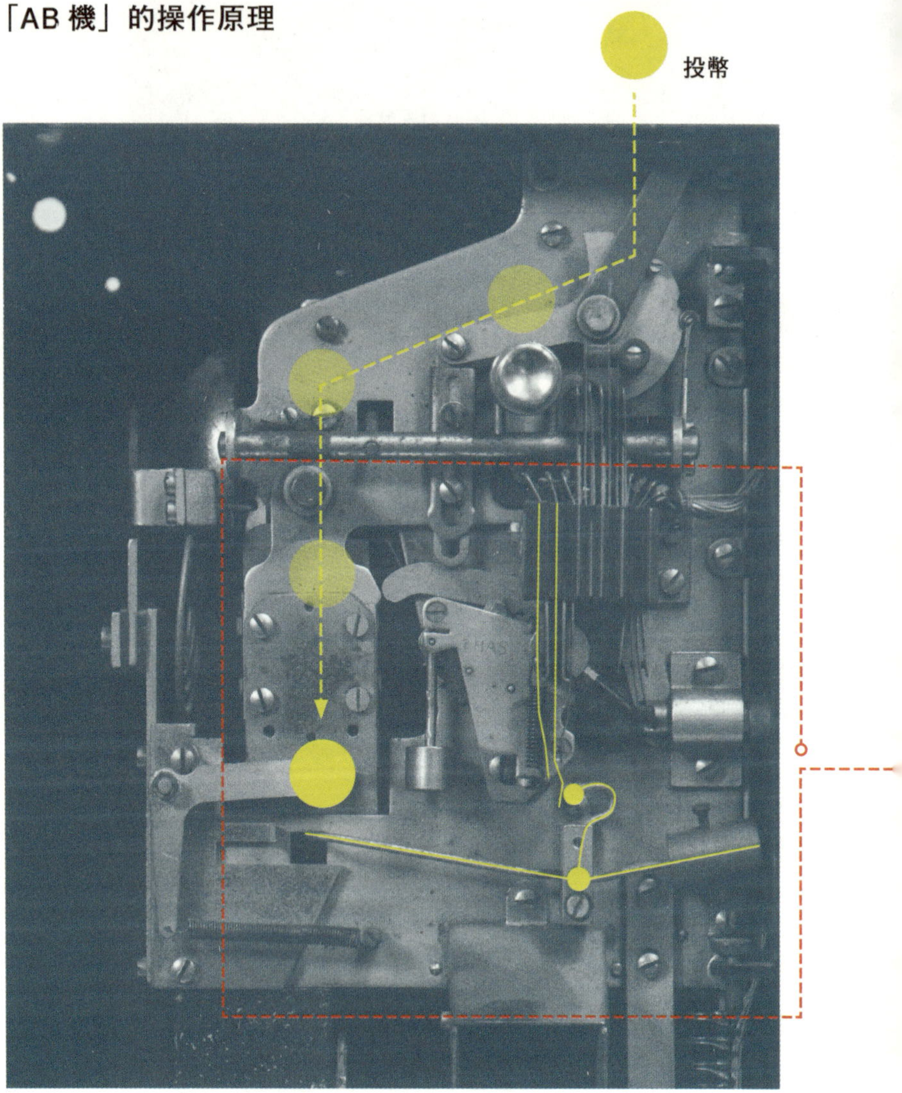

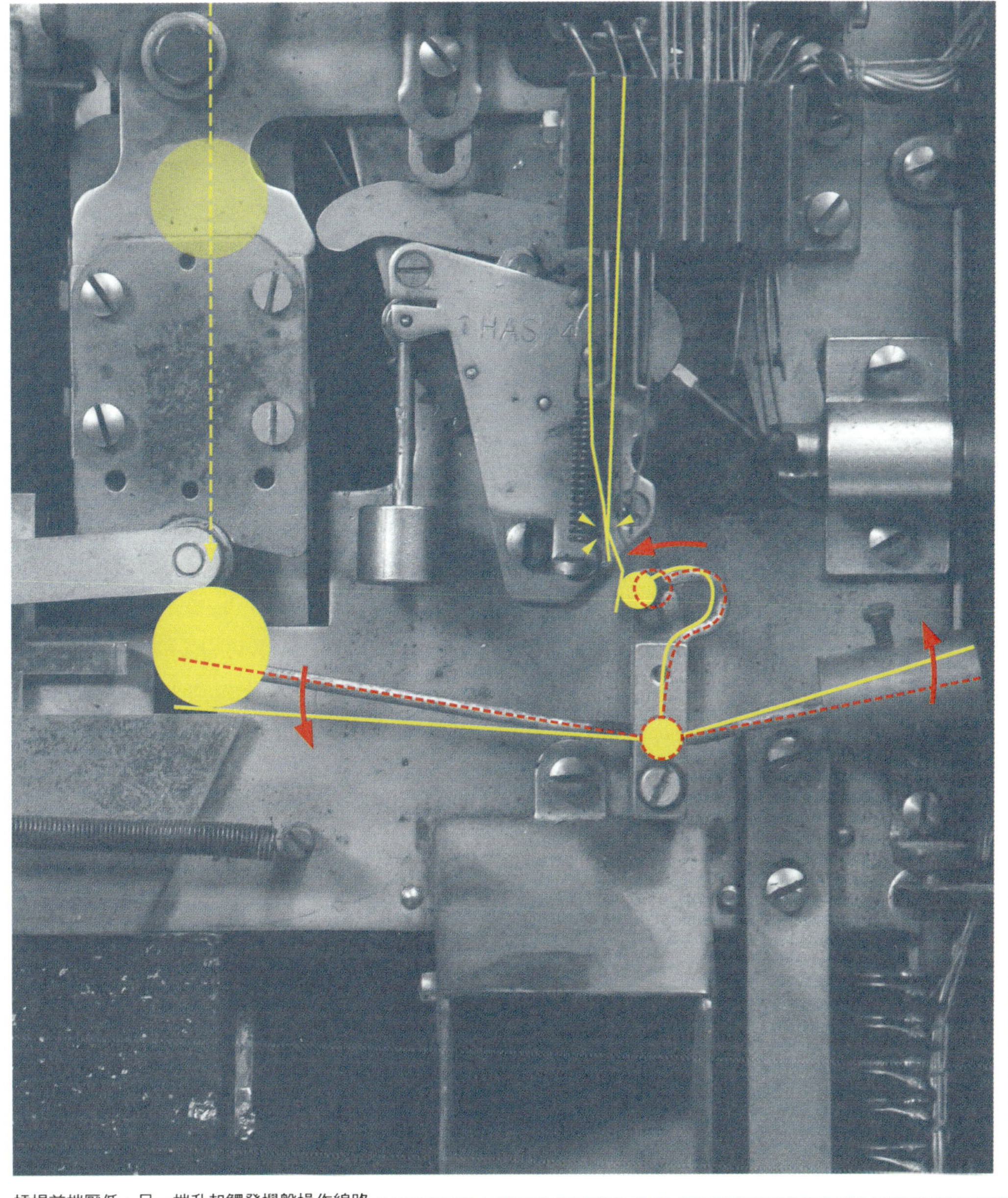

槓桿前端壓低，另一端升起觸發攪盤操作線路。

當接通對方時，你可以聽到對方說話，但對方仍未能聽到你說話，你必須要按動 A 掣以放開送話器線路，同時把直槽向左擺動，硬幣便會跌落錢箱。若然對方的電話不能接通，只須按動 B 掣，機械動作令直槽移向右邊，硬幣便從退錢槽口退回。

「AB 機」分上下兩個部分，上面是機械部分，而下面是放錢箱的空間。錢箱是一個厚鐵造的箱子，箱頂有一道活門，平時是打開的。放置錢箱時要從電話機底部放入，要稍用力向上推，再從側面推入一塊鐵板，遮蓋錢箱，並以一個特別訂製的鎖鎖住鐵板。放入錢箱時，活門會觸及電話機底的一支鐵桿，使活門保持打開狀態，若錢箱離開電話機，錢箱活門會立即關閉，不能打開，要交回電話公司會計部處理。

1955 年 2 月 11 日，第一部（經改良）「AB 機」在雲咸街娛樂戲院旁的電話亭內安裝，開始提供服務，由電話公司工程師 Reio 監督最後的工程工作。由於新舊款尺碼有所不同，裝置要多花兩小時才完成。初期共有八個電話亭試辦，分別安裝在中環街市、雲咸街、大佛口、修頓球場、盧押道、灣仔街市、銅鑼灣樂聲戲院、電氣道天后廟側。其後於九龍地區九龍塘、九龍城、黃大仙村、鑽石山、紅磡及何文田等，每區安裝一個。[7] 由此時起，電話亭最上方磨砂玻璃的「公眾電話」字樣已轉成為英文字「TELEPHONE」字樣。

按動 A 掣，使直槽向左擺動，硬幣便會跌落錢箱。

按動 B 掣，使直槽移向右邊，硬幣便從退錢槽口退回。

52A 型公眾電話機操作原理

電話公司在 1960 年代引進一款由日本製造的公眾電話機——52A 型。它的特點以推凸輪的方式（Cam pushing）操作，由投幣到應線，甚至不能接通而退款，全都自動操作。當年這款電話收費已增至 5 毫。它的操作與上一款公眾電話機的機械式不同，硬幣經過斜橋後，跌落直槽停住，途中會經過一個裝置。這個裝置是一個像爪子的轉輪，爪子頂端有橫杆伸出斜橋，每當硬幣經過都會碰到橫杆，爪子便帶動齒輪轉一下，推開機關並開啟攪盤線路，這時便可撥動攪盤打電話。當對方應線時，機樓在線路上的正負極性會自動掉轉（AB line reverse），啟動在收費電話機內一組繼電器（Relay），機械式打開錢箱活門，硬幣便會跌入錢箱，雙方可以談話。若對方電話不通，只要將聽筒放回聽筒掛架，硬幣便會從退錢槽口退回。當對方應線後，同時會啟動計時器（Timer），時限三分鐘，當到最後 20 秒，會有訊號通知，這時可再投入硬幣繼續通話，否則時限一到，便自動斷線。

這款公眾電話另一特別設計，是上蓋可提起及拿開，中間並沒有電線連著。主要是底座有五顆像牙齒的接柱，而上蓋同一位置有五條鋼片，當上蓋放到底座時，鋼片就會壓在接柱上，造成通電。

52A 型公眾電話機內部部件

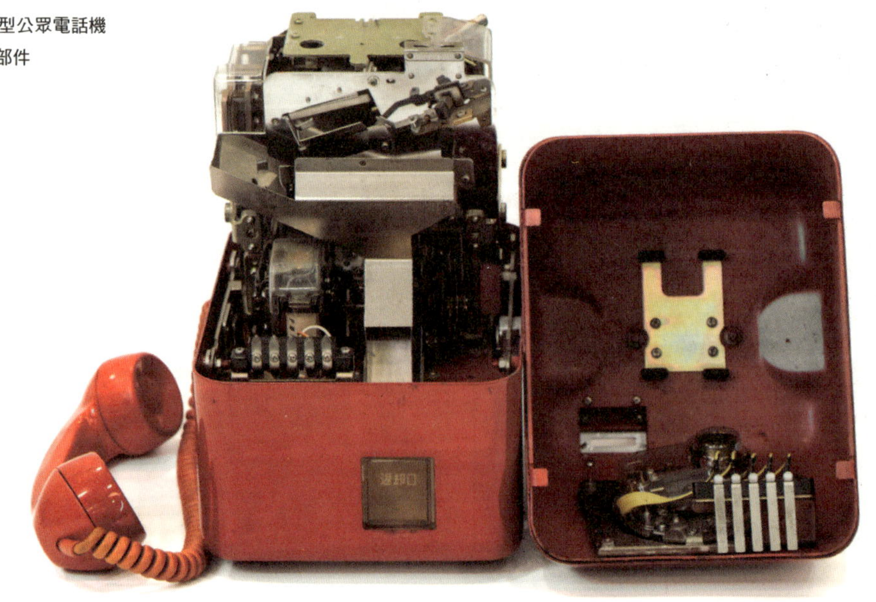

52A 型公眾電話機

GEC 和 PP600 按掣式公眾電話

1979 年 6 月，電話公司轉用 GEC 新款公眾電話。此款機身上半截都是由鐵鑄造而成，所以特別重。最初一批安裝在天星碼頭。為了照顧坐輪椅人士，自此以後設置公眾電話機的位置會稍為降低及多不設門。[8]

1980 年代，電話公司轉用型號為 PP600 的按掣式公眾電話，特點是可打國際電話。這款電話機可識別港幣 1 元及 2 元硬幣的功能。硬幣通過斜橋前，會先經過磁通振盪器裝置，該裝置以磁通量（Magnetic flux）為依據，測試通過硬幣的磁力線數量，從而識別到底是 1 元或 2 元硬幣。就算投入一樣大小的外幣，但由於每種外幣的磁通量都不同，因此也能夠識別。此機還可翻查打出紀錄或輸入特定功能。這款電話機於當年是最受外傭歡迎的公眾電話，因為它可透過繼續投幣保持長途電話通話，而且不須到電報局預約。記得當年每到星期日，外籍傭工聚集的地方，例如中環皇后像廣場、天星碼頭及維園一帶，公眾電話大排長龍。

當時公眾電話只收 1 元及 2 元硬幣，儘管電話公司頻密安排更換錢箱，但錢箱很快便爆滿。墟冚情況，可稱奇景。為臨時增加公眾電話數量，電話公司特別安排幾部流動公眾電話車，逢假日放置在合適的地點。它的設計是在一部拖車上安裝四部電話，每邊兩部，並設有透明帳篷遮擋風雨。

流動公眾電話車

不同的插卡式公眾電話

1984 年 1 月，電話公司在太子行安裝了一部全東南亞第一部可直接打到外國的插卡式公眾電話 AZK 系列。正式啟用當天由電話公司常務董事霍加主持啟用儀式。這款電話好處是不再需要大量硬幣，只要預先購買一次性儲值卡，面值有 25 元及 100 元兩種，可一張接一張使用，但不能增值。儲值卡最初可在電話公司繳費處、國際電訊服務中心和 CSL 商戶等地購買，後來也可在幾家便利店購買。使用時，市民只須把一張預付款的儲值電話卡，放入插卡電話機內，即可直撥國際電話，電話機會按通話時間長短，從電話卡自動扣除以 1 元為單位之費用。若卡內餘額快將用完前 20 秒，會發出聲響並在熒光幕上閃動提示，使用者可選擇轉卡繼續通話或盡快講完。電話公司當年打算在市區內安裝 100 部插卡公眾電話機。[9] 後來為吸引外國遊客使用，電話公司推出印有七彩圖片和具紀念性質的儲值卡。

1989 年，公眾電話又邁進另一新模式——投幣及儲值卡兩用的公眾電話機面世，名稱為 Duet。這款電話機的一次性儲值卡分別為 25 元、50 元、100 元及 200 元四種，可在 24 小時營業的便利店或電話公司繳費處買到，沒有期限。此卡同樣不能增值，但可接著前一張餘額繼續使用。

當年要購買儲值卡，一定要到指定商舖購買，例如 CSL 店舖、7-11、OK 便利店等地方。為方便公眾人士，電話公司曾經在電話亭內附設電話卡（儲值卡）售賣機，只收 100 元紙幣。然而，基於保安理由，後期已取消裝設此款售賣機，或停止運作。

後來有一款公眾電話，型號為 5032，本身有很多功能，例如有預設直線接到能說不同語言的長途電話接線生，包括英語、日語、韓語、普通話及粵語等，但都棄用了，只餘下投幣和插卡服務（CSL 的 Hello 電話卡、香港電訊的密密傾電話卡及信用卡）。使用者要先打通專線接線生，讀出卡上號碼及啟動碼，再說出對方的電話號碼即可。

Duet 投幣及儲值卡兩用公眾電話機

1｜液晶顯示屏：顯示儲值卡尚餘金額。

2｜液晶顯示屏：顯示電話號碼。

3｜重設街線掣：當按鍵途中想重新按號，只須按此鍵便可重設街線。

4｜投幣處：若撥打長途電話，通話途中可投入 1 元、2 元、5 元及 10 元硬幣，方才可以保持通話。如餘額不足會在 20 秒前有訊號通知，若想繼續通話，必須要再投入硬幣，否則 20 秒後便自動斷線。

5｜硬幣投入方向指示：指定投幣時洋紫荊圖案要向右。筆者曾試過把數字那一面向右，覺得並無分別，此指示用意不詳。

6｜聽筒音量控制：可調校聽筒音量大小。

7｜連環電話：若已投入超過 1 元的硬幣，可在第一次本地通話完畢後按此鍵，會再接街線，繼續按號撥打另一個本地電話。

8｜更換電話儲值卡：當儲值卡餘額不足，會在餘額快將用完前 20 秒發出聲響作提示，使用者可先按此鍵更換新卡，否則 20 秒後便會斷線。

9｜此公眾電話機的編號，以便跟進或維修。

10｜插卡槽口。

11｜退錢槽口：只退回未使用的硬幣，不設找贖。

12｜錢箱。

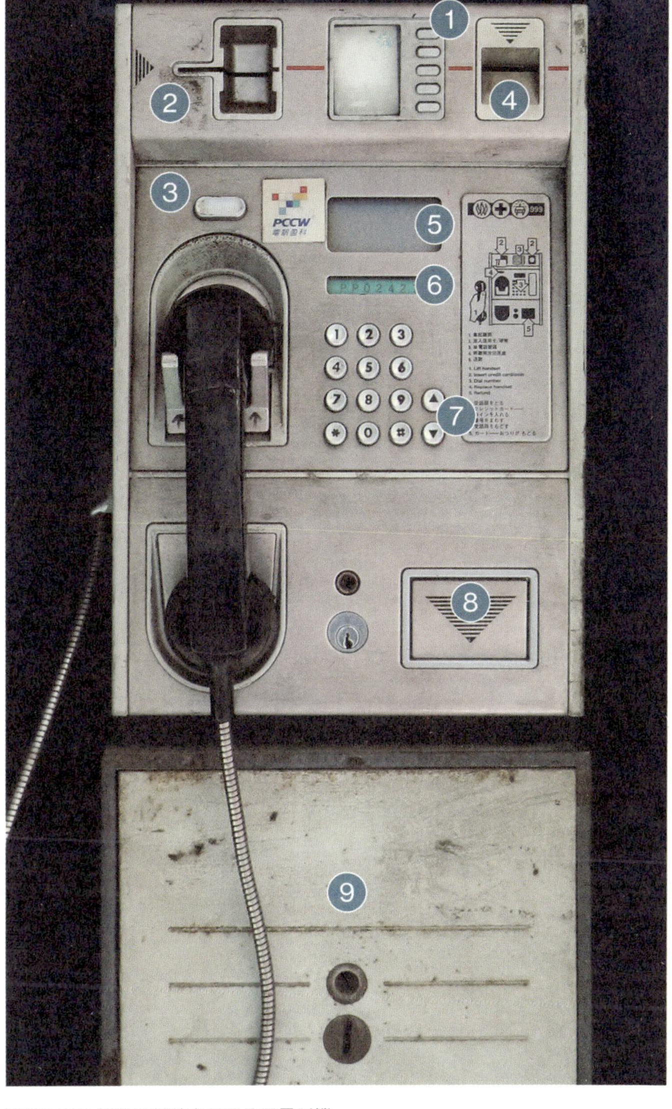

型號 5032 投幣及儲值卡兩用公眾電話機

1｜此五鍵可接通國際接線生線路（已停用）。

2｜插卡槽口。

3｜重設街線掣：當按鍵途中想重新按號，只須按此鍵便可重設街線。

4｜投幣處：接受 1 元、2 元、5 元及 10 元硬幣。

5｜液晶顯示屏：顯示投入銀碼或儲值卡餘額，以及所按電話號碼。

6｜此公眾電話機的編號，以便跟進或維修。

7｜聽筒音量控制：可調校聽筒音量大小。

8｜退錢槽口：只退回未使用的硬幣，不設找贖。

9｜錢箱

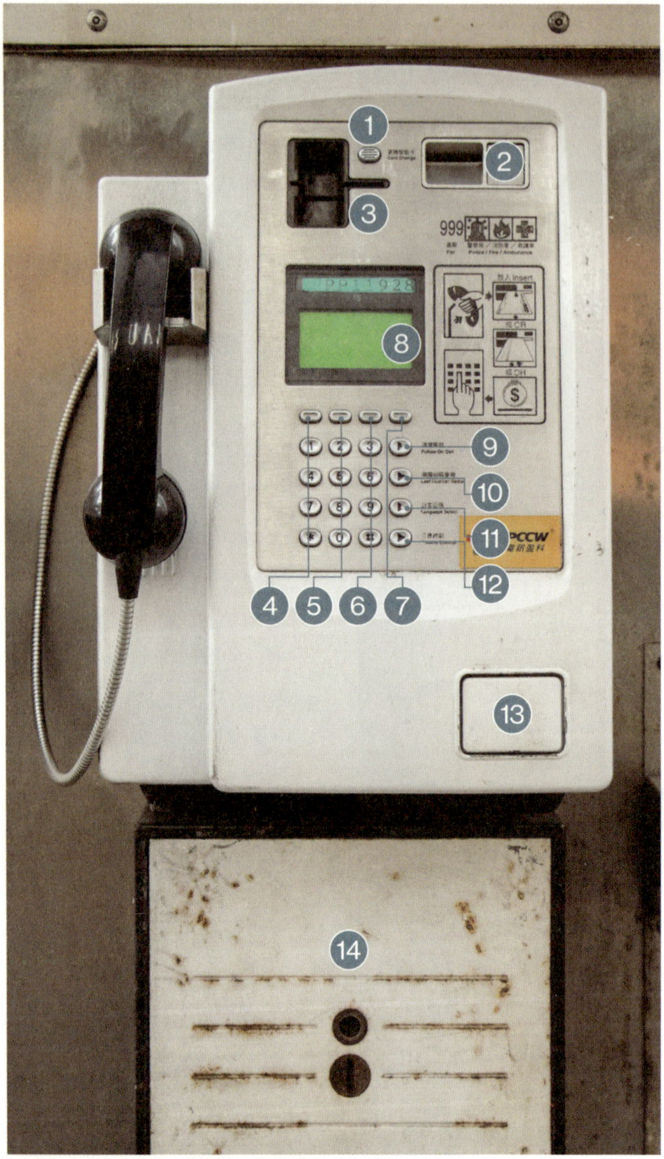

上｜型號 7023 公眾電話機

下｜亭頂安裝感應器

1｜更換電話儲值卡：當儲值卡餘額不足，會在餘額快將用完前 20 秒發出聲響作提示，使用者可先按此鍵更換新卡，否則 20 秒後便會斷線。

2｜投幣處：可同時使用 1 元、2 元、5 元及 10 元硬幣。

3｜插卡槽口。

4｜國際電話（英語）接線生服務（已停用）。

5｜國際電話（中文）接線生服務（已停用）。

6｜Hello 電話卡（英語）使用指示。

7｜密密傾電話卡（普通話）使用指示。

8｜液晶顯示屏：顯示所打電話號碼。

9｜連環電話：若已投入超過 1 元的硬幣，可在第一次本地通話完畢後按此鍵，會再接街線，繼續按號撥打另一個本地電話。

10｜剛撥號碼重撥鍵：重撥剛撥完的電話號碼。

11｜語言選擇（已停用）。

12｜聽筒音量控制：可調校聽筒音量大小。

13｜退錢槽口：只退回未使用的硬幣，不設找贖。

14｜錢箱。

1992 年，又有一款型號為 7023 的公眾電話機面世。這款電話機設在採用鋁及塑膠建成的開放式電話亭內，亭頂安裝感應器，隨著亭外光線而自動亮燈，後期更改用時間制控制亭內燈光。

商業租用收費電話

由於太多人在店鋪借用電話，供不應求，阻礙做生意，電話公司在 1970 年代曾推出一款可供店鋪商戶租用的收費電話機：由日本 NTK 公司生產的 674 型號。商戶需要繳交月費給電話公司，而電話機內的收入則歸商戶。隨機附有一條鑰匙，由商戶保管；只要插匙啟動，可作普通電話使用，不須投幣。普通使用者每次使用收費 5 毫，只能打本地電話，不能打長途電話。

另有 1980 年代的 Agifon 100 和 200，這兩款是按掣式收費電話。型號 100 是座枱式，型號 200 則是掛牆式。收費與型號 674 一樣，收入歸租用者。此款電話已採用音頻操作（即按鍵式），除了有數字 0 至 9，還有星號「*」及井號「#」，用作完成一些特定的功能。另外有一功能是連續打電話，此機每次收費 1 元，亦可投入 2 元，當打完第一個電話，只須按「FC」(Follow on call) 鍵，便可重接街線，繼續打第二個電話。

這款電話機亦可分辨你投入的是香港硬幣，抑或是其他國家硬幣，就算其他硬幣體積及厚度一樣，仍可分辨得出來，奧妙就在前文也提過的磁通量。

有一功能很少人知道，當商戶想查看電話機的總收入時，可按鍵輸入密碼，LED 顯示屏上便會顯示總數額，不用打開錢箱點算。而且，每次查看後可將讀數歸零。

⑧ 公眾電話亭

早期公眾電話亭

公眾電話並非一般電話，早期雖然安裝在店舖中，但收費並不是收歸店舖的，而晚上收舖後，公眾電話便不可使用。如晚上遇到緊急事情，便求救無門，就此情況，電話公司借鑒英國公眾電話亭的做法，計劃在適當地方設置電話亭。1950 年代，電話公司在英國訂購了一款投幣式公眾電話機，準備於 1953 年在港島九龍安裝 16 座公眾電話亭。若試驗成功，將進一步在九龍城、黃大仙、鑽石山、紅磡、何文田等區安裝。

1954 年 1 月 11 日 ，九龍第一個設在九龍塘的公眾電話亭首先開始啟用。位置設在窩打老道與界限街交界處。電話亭是用鑄鐵造成的，亭身塗上深綠色（在英國是塗上紅色的），亭高七呎，闊兩呎半，深兩呎。三面用玻璃片鑲嵌，光線直透亭內。在最上有一塊磨砂玻璃印有中文「公眾電話」字樣。電話亭最下格為格網，可讓空氣對流，當拉動電話亭門時，空氣隨氣窗輸入，不致在真空狀態難以拉動。當我們走進電話亭內並關上門後，外間聽不到亭內人說話，私隱度很高。亭內放置了中英文電話簿，方便查閱。亭內的電話是一部投幣式電話機，但並沒有撥盤，仍需要由接線生接線。電話機只接受 1 毫港幣。我們提起聽筒後，便會聽到聲響，繼聞接線生應線：「幾多號」。待說出對方電話號碼，接線生會先提醒使用者要準備足夠硬幣。接線生接著會代撥電話號碼，當對方應線後，接線生便會說：「可以開始入錢」。每投 1 毫子，就會聽到硬幣撞到電話機內銅鐘的聲響，接線生從發出聲響的次數來確認是否付了足夠的數目，如成功投幣付款，接線生會通知使用者：「可以通話」。除了打電話給某些偏遠地區，每次通話收費 4 毫，如打至新界大埔、元朗、粉嶺要 8 毫，打至沙田要 1 元，而長洲則要 1 元 4 毫。由於這款公眾電話只收 1 毫硬幣，如要打電話到長洲，必須要帶備 14 枚 1 毫子。

混凝土電話亭（獨腳亭）

1966 年 4 月，電話公司在黃大仙徙置區附近，裝設一個全新設計的公眾電話亭，此款電話亭設計簡單，底座為實心混凝土，上段為三角形柱子，頂部寬敞，形如雨傘，可遮蔽風雨及陽光，後來俗稱獨腳亭或冬菇亭。亭內公眾電話採用日本新款公眾電話 52A 型，打電話前要將兩扇裝有彈簧的掩門拉開。彈簧門高度約至成年人腰間，無論身材高矮都感方便。這款電話亭是由電話公司及工程師共同設計而成的，式樣別出心裁，並以新加坡電話局之設計為藍本。

據筆者的經驗而言，由於傳統用鐵造的電話亭空氣不流通，如長時間沒人使用的話，亭內空氣侷促，也很不衛生，天色昏暗時，於亭內查閱電話簿或撥動攪盤亦有困難。直至混凝土造的電話亭設置後，情況就有很大改善。當然它亦不是無缺點。它只得上半截有兩扇木門，設有自動門鉸，使門保持關上，防止風雨，而只要把門打開，光線足夠照明，然而缺點是木門彈簧力很強，使用電話時需要用身體挨著木門，否則會被木門推入亭內。其次就是當下雨時，下半身完全暴露在空氣中，容易沾濕，非常尷尬。

早期電話亭下方為格網

設計簡單的混凝土電話亭

有一款公眾電話亭的形狀較細小，感覺好像將公眾電話機放進一個盒子裡（見右圖）。此電話亭沒有照明系統，只靠對面店鋪室內的燈光照射，但當使用者面對著電話機打電話時，身體往往會遮擋住背面的光源。而且，使用者須站在亭外打電話，說話時會受四周環境影響，例如車聲及途人交談聲，加上私隱度低，所以此電話亭並不受歡迎，市面上很少會看到。

另有一款電話亭同樣很少見，它的設計是將現有的電話亭一分為二（見第 112 頁圖），前後都裝有收費電話機，缺點是空間很狹窄，打電話時要站出亭外。雖然頂部有塊金屬物件用作遮陽，但面積很小，遇到風雨便很尷尬。此外，亭內同樣沒有照明系統，於天色昏暗或晚上使用時會很不方便。觀感上有點「小家」，市面上現存一兩個。

「盒子」電話亭，位於港島銅鑼灣軒尼詩道，大新銀行對出。

「一分為二」電話亭，位於九龍深水埗北河街近荔枝角道。

盈科
道295-297號
街43-45號

環球電訊公眾電話亭

除了香港電訊（PCCW；1988 年，香港電話公司與大東電報局（香港）有限公司合併，組成香港電訊）提供公眾收費電話服務外，另外一間名為「環球電訊」（HGC；和記集團），亦有公眾電話亭，為數不多。因為只收 1 元硬幣，所以使用率很低。

夕陽下的公眾電話亭

隨著手提電話功能漸漸超越固網電話，不但導致家居電話減少，公眾電話更是幾乎無人問津，甚至有不少人都認為在某些人來人往的街道上安裝電話亭，反令行人不便。電話公司需要定期維修和保養電話亭和電話機，但每月收入不能彌補開支，根據 2014 及 2015 年間的統計資料，約有 56% 公眾電話的收益少於 1 港元，讓電話公司傷透腦筋。筆者多年前在油麻地一處，竟然見到一個電話亭淪為垃圾站，實在令人感到心酸。

2020 年筆者認識了一位從香港電訊退休的前輩，與他多次交談，從中得到很珍貴的資料。雖然沒有實質文件，但與筆者搜集的資料印證，是吻合的，所以可信性甚高。

截至 2016 年 12 月 31 日，共有 3,100 部公眾電話機，分佈在港九及新界各區，一半設在政府機構樓宇內，如醫院、政府辦公大樓、車站、機場、碼頭及地鐵站等，其餘都以電話亭形式安裝在街道上，方便公眾使用。

由於手提電話需求急升，功能亦超乎一般只有語音功能的公眾電話，使用上更加方便快捷，因此公眾電話的使用率每況愈下。通訊事務管理局（Communications Authority）在 2017 年重新檢視使用率極低（即每日平均收入不多於 1 港元）的公眾收費電話機，並作出一些指引。如果香港電訊計劃移除部分現存公眾電話亭，先要有一個合理的理由向 USC（Universal Service Contribution）申請，確保移除後不會為公眾帶來不便，騰出的空間亦有助紓緩通道阻塞問題，最後經由區議會討論，通過審核後才可開始進行拆卸工程。需要符合以下的條件才能拆卸電話亭：

環球電訊公眾電話亭，位於港島中環皇后像廣場。

（一）該「目標」公眾電話機每天平均收入不多於 1 港元；

（二）在同一建築物內尚有另一部公眾電話機可供使用；若在偏遠地區，其他手提電話供應商的網絡都能覆蓋得到。

（三）要確保政府機構或公共場所，例如醫院、大學、體育館及娛樂場所等都能找到公眾電話。

這位前輩又解釋電訊公司是如何知道「目標」公眾電話機每日平均收入不多於 1 港元。他指出，當我們使用公眾電話時，投入之硬幣或插入之電話儲值卡，硬幣會停留在電話機內，而電話卡的價值則保持不變，當對方應線那刻，電話機樓有一組繼電器會受觸動，並啟動兩組線路：（一）將線路上的正負極互換（A B Line reverse），令公眾電話機內一個索掣（Solenoid）啟動，讓停放在索掣上的硬幣跌進錢箱，或在讀卡器扣除儲值卡 1 元；（二）機樓內相應的公眾電話號碼的數字收費錶（俗稱咪錶）會加跳一下。所以機樓同事只要定期檢視該公眾電話機的咪錶，便可知道它的狀況和收入。當然，電話公司亦會派相關工作人員為公眾電話機作檢查（Functional test），以確保它並非壞機而不能使用。

拆卸工程開始前，會先在電話機上貼上維修字條。稍後用膠帶圍封電話亭，禁止市民進入電話亭。然後由電訊公司拆卸公眾電話機及通知電燈公司拆除電線。最後由承辦商拆除電話亭及開展回復路面工程。

地下電纜的演變

早期鋪設地下電纜

早在 1882 年，東方電話電力公司在香港提供服務時，所有電話線都是用鋼線沿途架在鐵柱上伸展出去，日子久了，架空電線變得密麻麻，有機會危及車輛及行人。於是在 1925 年，當香港電話公司接辦中日電話公司時，與香港政府達成協議，用四至五年時間，將所有架空電線盡安置在地底，將地下電纜箱安裝在行人路旁的牆壁上，再連接到用戶電話機。[10]

早期鋪設地下電纜是一項辛苦的工程，先將地面挖掘至某一深度，然後每隔一段距離便放置一個滑輪，以便在拖拉地下電纜時減少阻力。然後用一個網狀物體套著電纜前端，此物俗稱「豬籠套」，特性是當拉扯時，網套會被拉長而收窄，因此能夠更緊密地包裹住電纜。當前方拉動地下電纜時，領隊會發出一些類似指令的喊聲，坑內的工人就會跟著某節奏而一起發力向前推，逐吋而行，非常辛苦。到了後來有了絞纜的機器輔助，鋪放電纜的效率就提高很多。

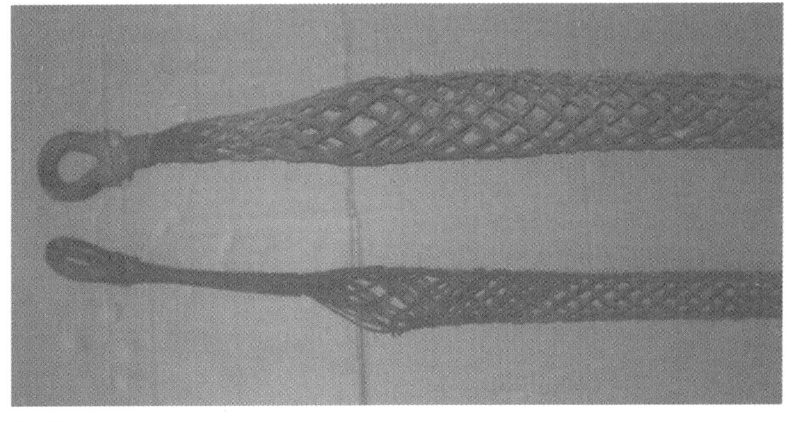

豬籠套

筆者在 1969 年加入電話公司做維修員時，結識了一些資深地下電纜維修師傅，其中一位前輩在 1950 年代已經入職，筆者向他請教了有關電纜的問題。他指出，當年電話公司雖然已引入以聚氯乙烯（PVC）樹脂作絕緣物料的電話電纜，但地下仍有不少 1920 年代的鉛皮電纜。由於有些地下電纜處於尚未發展的舊區，或當時仍有用戶使用中，所以電話公司亦不急於即時更換新地下電纜，決定待舊電纜損壞時，或公佈新發展圖則才一次過更換。這位前輩偶爾也會維修鉛皮地下電纜。他說，當年地下電纜是用紙條繞著每條銅線作絕緣，兩條銅線互摟成一對，作為一個電話線路，最後在外層加上鉛皮作保護。之所以以鉛皮作電纜外層，是因為鉛不太硬，用木棒敲打便可改變角度，而且不容易氧化，是當年最適合用作電纜外層的材料。他補充說，不太硬也是鉛皮的缺點，容易在其他工程施工時被誤鋤穿而損壞。有時鉛皮電纜表面出現一些細微到不易察覺的裂紋都會影響線路的穩定性。另外，亦有被白蟻蛀食或老鼠咬破鉛皮的情況。每次暴雨或打風後，沙井會積滿雨水，雨水接著透過沙井裡的管道流向下一個沙井（雖然每個管道口都會用阻塞物封著，但雨水仍可從其他罅隙滲入管道，可參見下圖），最後整段管道也積滿雨水，如果地下電纜某位置有裂縫或受到破壞，水便滲入到電纜內，導致紙條受潮濕，同時令其他線路也失靈，我們常常稱之為「黐晒線」。

前輩解釋，電話機樓就像一棵樹幹，地下電纜就像樹根在地下向四方八面伸展，沿途裝設有沙井，方便視察及維修地下電纜，直至伸展到規劃

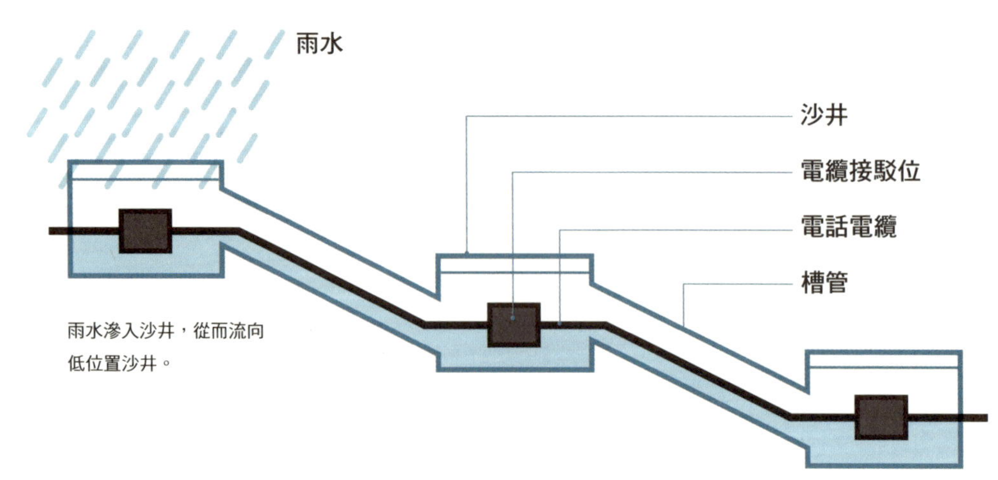

雨水滲入沙井，從而流向低位置沙井。

位置。地下電纜在沙井中會做一接口，按需要從總線中抽調分配地下電纜數量到某處電纜箱，然後再將總線接口用鉛板包裹，並用木棒敲打成瓜殼形，套在總線上。由於外形似瓜，俗稱「瓜」。再用噴燈燒溶鉛條，塗在外殼鉛塊四周的接口上封密，然後趁鉛水未凝固前以專用的木棒推平，行內稱「抹瓜」。此工作須由資深的地下電纜師傅執行，確保瓜邊無裂縫，否則水便會滲入。

每逢大雨後，地下電纜同事必忙於在低畦地區逐一打開沙井蓋，將積水抽走，有時還要在周圍都是污水及臭氣沖天的環境工作，真不是一般人可忍受。

後來電話公司開始引入新款地下電纜，逐漸取締鉛皮電纜。每項鋪設地下電纜工程施工前，要先向工務局申請，而為避免施工時影響路面交通，規定要同時在地下鋪設喉管，方便日後增加或維修電纜時，減少再挖掘路面。至於在路旁電話柱上的電纜箱，改為裝設在樓宇樓梯出入口的外牆上。

電話知識趣談 ·············· **如何分辨線芯？**

在鉛皮電纜中，全都是清一色的淺啡色線芯，如何分辨它的次序？原來，線芯雖然看似凌亂，其實它們是依次序由內向外分佈的，每十對線就有紙條綑著。如果想找出線芯的排序，可在機樓總線架的地下電纜接線位（Cable terminal block）上，連接一個電子振盪器（Oscillator），不斷產生聲音，而在地下電纜另一端的同事，可用聽筒連著一支金屬探測器在一堆線中尋找聲源，越接近目標聲音探測器就會發出越響亮的聲響。最後找到一對線後，將其線芯相接，並在機樓作電表測試（Loop test），這樣便可確認是否與機樓的編排一致。

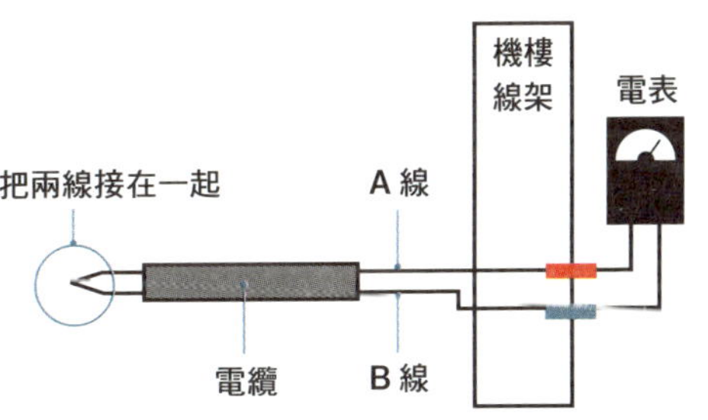

上｜在機樓線架用測試表找出原對線芯的方法

下｜鉛皮電纜中全都是淺啡色線芯

電線色碼

新款地下電纜中每對電話線都有固定號碼配置，從機樓線架經地下電纜到大廈地線箱都有指定位置，當安裝或維修時，如何分辨線路編排次序？原來每條總線驟眼看是一大堆線芯亂成一團，其實每一條電線都按色碼（Color code）表示次序排列，有助於快速識別電線排序。香港電話公司採用英國制式。

由於一條電話線是由兩條導線組成的，我們稱它為正線及副線，下圖是一組 20 色碼排序方法，它讓我們很容易便分得出電線的編序號碼。

充氣電纜

1970 年代初，電話公司採用新式 ESK 機樓，其中有一項技術用於地下電纜中：靜態系統（Static system），又稱為地下電纜加壓及監察系統（Pre-registered resistance-pressure）。操作方法是先把電纜一端封閉住，再在另一端（即由機樓）輸入乾燥空氣，保持適當的氣壓。源源不絕地輸入乾燥空氣，可使電纜內部的氣壓高於外面氣壓，當電纜有破損時，使電纜裡的空氣向外溢出，一來可阻止濕氣滲入，二來電纜內部的氣體的壓力便會因此降低，當電纜內氣壓減下降到某指數時，警示器隨即響起，機樓同事可從讀數下降程度判斷該段電纜損壞嚴重程度，從而適時安排相關同事跟進。

電線色碼排序（1-20）

線號	正線	副線 *	線號	正線	副線 *
1			11		
2			12		
3			13		
4			14		
5			15		
6			16		
7			17		
8			18		
9			19		
10			20		

藍
橙
青
啡
灰
白

注：副色線順序是：
白（線號 1-20）、
黃（線號 21-40）、
黑（線號 41-60）、
紫（線號 61-80）、
紅（線號 81-100）。

這設備缺點是只能作短距離的監察，若地下電纜路程太長，也會在某段地下電纜接線管上，裝設一個氣嘴（類似汽車輪胎的入氣嘴），並從氣嘴輸入空氣，透過此方法而逐段逐段測試地下電纜。這裝置亦可用作測試地下電纜駁口有沒有難以察覺的裂痕，方法是從氣嘴輸入氣體後，於駁口上塗上濃梘水，如出現氣泡，即表示有裂痕。

注脂電纜

以前每當大雨或打風過後，第二天的報章上經常都會有電話因地下電纜損壞而影響電話運作的報道文章。由於地下電纜藏在地下，雨水能從沙井邊滲入，甚至沙井蓋遭重型貨車等輾過壓爛，碎石損毀地下電纜的 PVC 保護層。情況更甚，造成不同程度的損壞，如斷線、短路和漏電等。正如上文所指，為電纜充氣只是作短距離的監察，地下電纜越長，氣壓效果越不理想。後來，有一新技術應用在地下電纜上，名為「注脂電纜」（Grease cable）。在製造電纜的過程中，注入油脂以填滿電纜內線與線之間的空間，就算電纜外層受損，也不會影響其他線路，亦不需要考慮如何保持氣壓的問題。

注脂電纜有優點也有缺點，就是工人在處理地下電纜時，例如「開皮」、接駁線路、退掉電線外皮等等，總是滑溜溜的，很難發力，而且經常弄得雙手、工具都是油脂，事後很難清潔，並不是每個工作點附近都有洗手間，借用民居或商舖的又恐怕弄髒人家地方。我們完工後一般都會先用一些免洗手膏清除油脂，用碎布清潔，最後才用水洗手。由於戴手套不方便工作，因此我們不會選用。

電纜中線芯與線芯及外層保護物之間是有空隙的，油脂能充滿電纜內空隙。

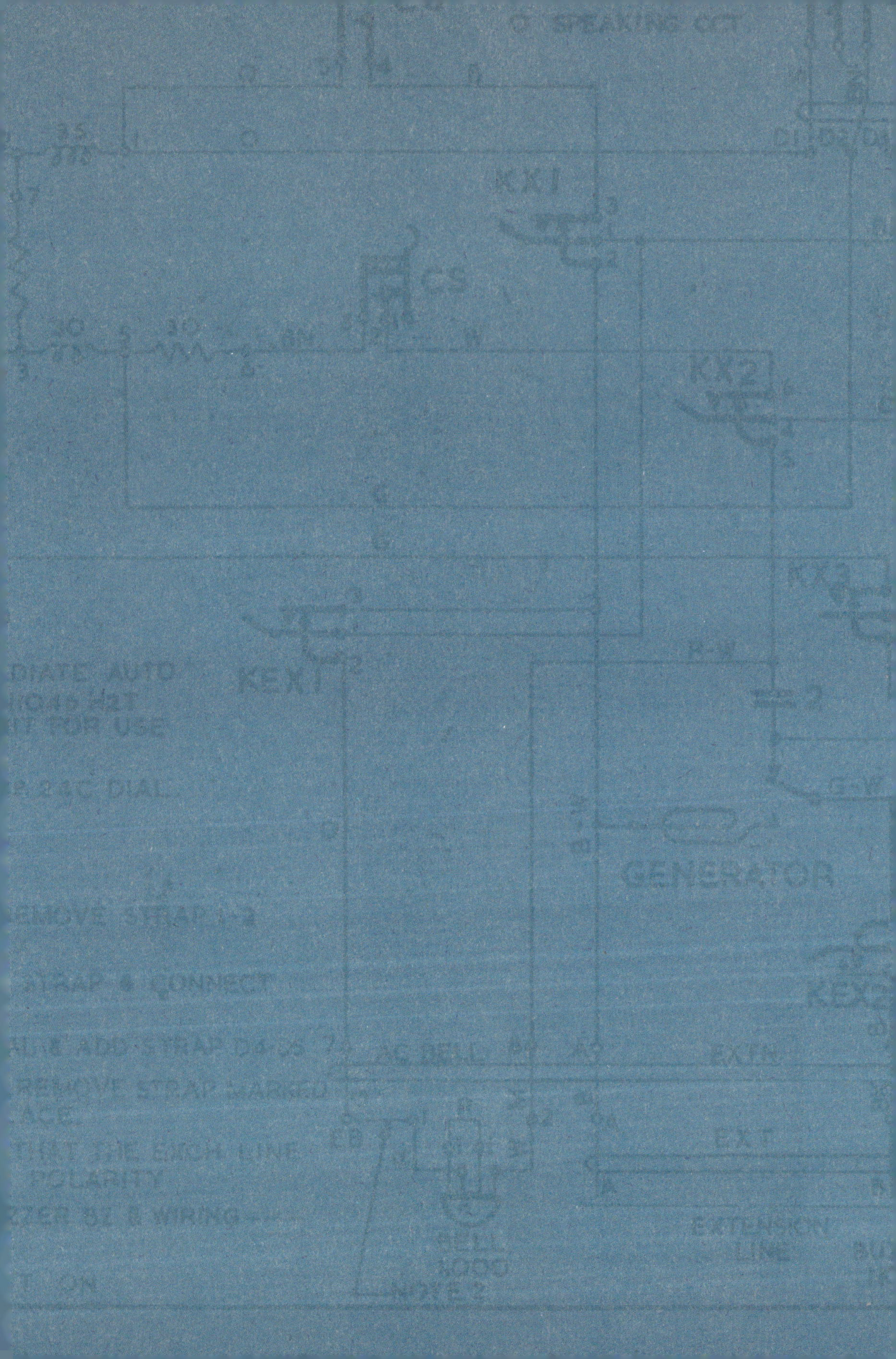

SPEAKING CKT

KX1

CS

KX2

KX3

KEX1

R-W

G-W

GENERATOR

KEX2

AC BELL

EXTN

EXT

EXTENSION LINE

BELL 1000

NOTE 2

DIATE AUTO

IT FOR USE

P. 24C DIAL

EMOVE STRAP 1-2

STRAP & CONNECT

AL & ADD STRAP D4-D5

REMOVE STRAP MARKED

ACE.

POLARITY

ZZER BZ & WIRING

T ON

第3章

香港曾經使用過的電話機（1900至1980年代）

● 常見的電話機

● 罕見的電話機

20 號鐘箱	Bell Box 20	1930 年代	③	202
2+5 電話	Prototype Exchange Telephone	1960 年代	⑨	204
5 號 A 手挽電話	Bakelite 332 with Carrying Handle	1950 年代	②	208
5 號 B 電話	Bakelite 300 with Hand Generator	1950 年代	②	210
5 號 B 廣播電話	Internal Telephone with Speaker	1950 年代	⑩	214
15 號 A 電話	706	1960 年代	③	218
20 號 B 電話	Desk Telephone 706CB	1960 年代	③	220
50 年代戶外維修電話	N1845J Lineman's Phone Telephone	1950 年代	②	222
70 年代戶外維修電話	Lineman's Phone Telephone 704	1970 年代	⑥	226
慶祝香港電話服務 100 週年電話		1980 年代	×	232

製造商
① National Telephone Company
② 愛立信｜Ericsson
③ 通用電氣｜General Electric Company
④ Telephone Manufacturing Company
⑤ Citesa Málaga
⑥ Pernas Plessey
⑦ Northern Telecom
⑧ 西門子兄弟｜Siemens Brothers
⑨ Automatic Telephone and Electric Company
⑩ PYE
× 不詳

* 主機和分機
# 主機

1 號電話（前期）
BPO Wall Telephone No.1

掛牆式
1900 至 1920 年代，英國製造
製造商｜National Telephone Company
橡木

這款電話在英國初期的型號是 1 號，亦是香港電話公司的第一款電話，所以於香港也被稱為 1 號電話。當時英國有兩間製造商同期生產這款電話機，分別是 National Telephone Company 及愛立信（Ericsson），因此有兩款不一樣的 1 號電話，在香港不同時期推出，而此款是屬於前期的。

當年需要用人手接線，銅造的講咪座由一支金屬臂連接著，可以調節高低。通話時，要拿著聽筒聽對方說話，而嘴巴則要對住講咪說話，非常不便。撥打電話時，首先需要拿起聽筒，然後拍打電話機旁的聽筒掛架。接線生應線後，可告訴他致電對方的號碼，待接線生把線路連接好後，便能開始通話。

由於當年電話機通話時需要有電池輔助，每部電話機旁都放有電池箱，並須定期更換電芯，因為電芯電量會影響通話的清晰度。

前期的講咪座是由銅造成的

1 號電話（後期）
N1460

掛牆式
1910 至 1930 年代，英國製造
製造商｜愛立信
橡木

這款是後期的 1 號電話。1920 年代，電木膠開始應用在電話零件上，愛立信於是採用電木膠製造電話講咪座，與前期的銅造講咪座不一樣。此外，電話機身頂端的木框亦簡化了。英國型號為 Ericsson N1460，香港型號不變。

後期的講咪座是由電木膠造成的

T.E. – Nº 180
(Telephone)
Your number is
To CALL EXCHANGE - Lift the Telephone Receiver and listen for the Operators Reply.
SPEAK directly into the and close to the mouth piece.
If you replace the Receiver on its support, you will be DISCONNECTED.
If the Subscriber you wish to contact cannot be contacted an INTERMITTENT BUZZING SOUND will be heard

2 號 A 掛牆電話（前期）
Wall Phone No.121

掛牆式
2 號 A 電話，1930 年代，英國製造
製造商｜愛立信
橡木

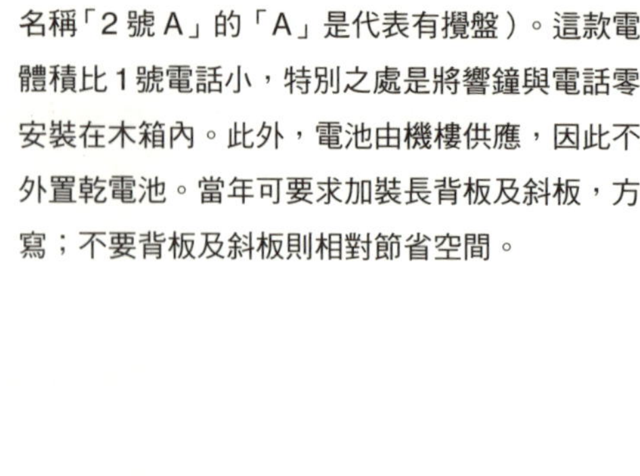

1930 年代，接線轉為自動化，電話加裝撥盤（型號名稱「2 號 A」的「A」是代表有撥盤）。這款電話的體積比 1 號電話小，特別之處是將響鐘與電話零件都安裝在木箱內。此外，電池由機樓供應，因此不需要外置乾電池。當年可要求加裝長背板及斜板，方便書寫；不要背板及斜板則相對節省空間。

LIFT
RECEIVER AND
WAIT FOR
DIALLING TONE

2 號 A 掛牆電話（後期）
121F Mark 2

後期愛立信製造了與 2 號 A 電話相同的款式，只是將講咪座轉換成電木膠材料，零件可互換。英國型號為 121F Mark 2，香港型號不變。

掛牆式
1930 年代，英國製造
製造商｜愛立信
橡木

LIFT
RECEIVER AND
WAIT FOR
DIALLING TONE

2 號 A 座枱電話
Candlestick No. 150

座枱式（燭台式）
1920 至 1930 年代，英國製造
製造商｜愛立信
橡木（鐘箱）、銅及鐵（電話機）

這款電話呈柱形，由於電話機內空間有限，所以其他零件都安裝在附設的木鐘箱內。電話底部有一塊厚重的鐵塊，以防止翻倒電話機，若長時間提起使用，會有點吃力。最初講咪的設計是採用紙膜作傳聲膜，缺點是紙膜容易破裂，傳聲質素差，後來改良用鋁質薄膜作傳聲膜，聲音傳輸相對清晰，因此其後的電話講咪都採用鋁質薄膜。在 1920 年代，這款電話是沒有攪盤的，仍需接線生轉駁，直到 1930 年代才設有攪盤。早期攪盤是以阿拉伯數目字顯示的，華人一般不太習慣使用，所以電話公司特別訂做了一批印有中文數字的號碼盤。

LIFT
RECEIVER AND
WAIT FOR
DIALLING TONE

3 號 A 電話

Bakelite Pyramid Telephone 200

座枱式

1930 年代，英國製造

製造商｜通用電氣

電木膠

紅色、綠色、黑色和象牙色

電木膠之發明，最初只是用作高壓電的絕緣配件上，並不是為電話而研發的，後來用作生產機殼、聽筒及接線盒。電木膠電話的優點是容易打理，不需要用任何化學物料，只要用蠟水輕輕一抹便光亮如新。缺點是質料很脆弱，如受碰撞便會破裂，不能修復。

這款電話可分為兩個部分：電話及鐘箱，又可兩者合成一個。後來其他電話製造商都以它為藍本生產同款電話機。另一特色是聽筒柄上有特別的刻記，而且機底有一可拉出的鐵片，方便收藏電話號碼。這是第一款用電木膠造的電話機。

4 號 A 電話
Gecophone

座枱式
1930 年代，英國製造
製造商｜通用電氣
電木膠
紅色、綠色、黑色和象牙色

這是 1930 年代末由英國通用電氣公司自行研發的電話，香港型號為 4 號 A；它將英國 Pyramid 200 改良，特點是將響鐘裝置及其他零件都安裝在電話機內。聽筒掛架也是新設計，舊款羊角掛架容易損壞。另外機背刻有製造商 GEC 的標記，是此款電話的特色。

4 號內線電話

座枱式

1940 年代，英國製造

製造商｜Telephone Manufacturing Company

電木膠

黑色

這是一款小型商用內線電話，共有 12 部內線分機，每部都一樣。由於它沒有撥盤，只能作內部通訊。使用時，先提起聽筒，將機前旋鈕轉向內線號碼，再按機前左方按掣便可。

11
12
1
0
9
8

5 號 A 電話
Bakelite 300

座枱式

1930 至 1940 年代，英國製造

製造商｜愛立信

電木膠

紅色、綠色、黑色和象牙色

這款電話首先在 1937 年由英國愛立信公司研發，後來其他製造商紛紛以此作為藍本，各自生產同類型的電話。其他製造商包括：英國自動電話、通用電氣、英國西門子兄弟；葡萄牙 Automatica Electrica Portuguesa；印度 Indian Telephone Industries；以色列 Telrad 及澳洲 Amalgamated Wireless Australasia 等，其中以印度的品質最差。雖然這些電話的外形一樣，但由於來自不同的製造商，因此聽筒柄上的刻記是不同的。此外，電話內部的零件和擺設稍有不同，但零件全可互換（除印度製造商）。

機前底部有一可拉出的鐵片，方便收藏電話號碼。

LIFT
RECEIVER AND
WAIT FOR
DIALLING TONE
H. K. TEL. CO.

LIFT
RECEIVER AND
WAIT FOR
DIALLING TONE

LIFT
RECEIVER AND
WAIT FOR
DIALLING TONE
H.K. TEL CO.

LIFT RECEIVER AND WAIT FOR DIALLING TONE
YOUR NO. 19
待聽到「胡胡」聲方
可轉號碼盤
CALLING
LOCAL
THROUGH
ENGAGED

5 號 EE 電話（主機和分機）
300 Mounted On Secretarial Service Control Unit

座枱式

1950 年代，英國製造

製造商｜通用電氣

電木膠

黑色

這款電話可接一條街線和一部分機，分機可置於不同樓層或鄰座樓宇。當有來電，先由主機接聽，若要轉駁到分機，可先按主機機頂的紅色按鍵以保留通話，然後把電話機下方中間的撥鍵撥向左方，使分機的響鐘響起，同時紅色燈會亮著，接著再將撥鍵撥向右方，街線便接到分機。當分機在使用時，主機下方綠色燈會亮著，表示分機正在使用中。若分機要與主機通話，或要求接駁至街線，可攪動分機側面的攪手。

分機

6 號 A 電話
N1671、N1046H(Crocodile)

座枱式

1930 至 1940 年代，英國製造

製造商｜愛立信

電木膠

黑色和象牙色

N1046H

在 1934 年，愛立信電話公司研發了一款商業電話，它有兩個型號，分別是 N1671 及 N1046H，在英國俗稱「鱷魚」電話，而香港人覺得它們像火車頭，所以得名。N1671 可接兩條街線和十部分機，適用於小型辦公室；使用時須連接一部控制器（Control unit），由接線生操控。當有街線打入時，控制器的街線指示燈（Indicator）會閃動，並發出聲響提示接線生，接線生接聽後如需要轉駁至分機，須按電話機頂上的按鍵保留通話，再按分機鍵通知分機。

另一型號 N1046H 可接一條街線和一部分機。主機機頂有四個按鍵，用作與分機通話及轉駁街線給分機；當分機在使用中，顯示屏會有「ENGAGED」字樣作提示。分機距離不受限制，但若要安裝在另一地區，就需要向電話公司申請安裝多一條電話線。

LIFT
RECEIVER AND
WAIT FOR
DIALLING TONE
H.K. TEL. CO.

LIFT
RECEIVER AND
WAIT FOR
DIALLING TONE
YOUR NO. IS
H. K. TEL. CO.

7 號 A 電話（主機和分機）
248 Plan Set Bakelite Telephones

座枱式
1950 年代，英國製造
製造商｜通用電氣
電木膠
黑色

這是 1950 年代電話公司提供的一款商業電話，可接一條街線和兩部分機。主機通常安裝在秘書枱上，當有街線打入時，秘書須先將撥鍵推至「SPEAK TO EXCH.」接聽，要是對方希望轉駁給上級，秘書便須將撥鍵推至「HOLD EXCH. SPEAK TO EXTN.」，再按響分機鐘。上級同意後，秘書再將撥鍵推至「EXTN TO EXCH.」位置，把街線轉駁給上級。此時主機撥鍵旁的顯示屏會現出「ENGAGED」字樣，表示分機正在通話中，直至通話完畢字樣消失後，秘書便可將撥鍵推回「SPEAK TO EXCH.」位置。若分機想與主機通話，只要按電話機右方的小按鍵便可。

當年此款電話機租金很貴，每月 10 元，而普通家庭的電話租金每月只是 1 元，用得起這款電話可算是一個身份象徵，故有「大班電話」稱號。

分機

SPEAK to EXTN
EXCH. HELD.
H.K TEL.CO

SPEAK
TO
EXTN.

8 號 A 電話
Muraphone

掛牆式
1930 至 1950 年代，英國製造
製造商｜通用電氣
電木膠
黑色、象牙色和紅色

這款電話最初是用於街頭警察電話亭，只供警察使用，以便警員執行職務及要求增援。警員巡邏至某地區，用鎖匙打開鐵箱並提起聽筒，等候在警署的接線生接聽，然後簡單報告周邊環境狀況，便再巡邏至下一個電話亭。情況有些似現在的大廈保安員巡樓，於每一個檢查點簽簿作記錄。

一般聽筒都是橫放在電話頂端，而這款電話聽筒設計很特別，是於正方直放，容易在狹窄的箱子中提出聽筒，也不佔空間。這款電話偶然也會安裝在其他地方，例如守衛更亭、巴士站或電車站更亭內。

9 號 A 電話
1000

座枱式
1960 年代，英國製造
製造商｜通用電氣
電木膠
黑色、象牙色、綠色及紅色

這款電話在 1960 年代是電話公司的標準電話。它的設計為流線型，電話機殼前端刻有「H.K. TEL. CO.」字樣；聽筒柄上刻有製造商的標記和生產地。電話撥盤面為金屬盤面，並印有中文數字號碼，更顯得十分獨特，有代表性，因此成為收藏家追捧的目標。1970 年代後，機殼及聽筒柄已再沒有刻記。

LIFT
RECEIVER AND
WAIT FOR
DIALLING TONE
YOUR NO. IS
H.K. TEL. CO.

LIFT
RECEIVER AND
WAIT FOR
DIALLING TONE
YOUR NO. 19
此電話 ………… 號
待聽到『胡胡』聲方
可轉號碼盤

LIFT
RECEIVER AND
WAIT FOR
DIALLING TONE
YOUR NO. IS

EXCH
EXTN
EXTN
TO EXCH
LIFT
RECEIVER AND
WAIT FOR
DIALLING TONE
YOUR NO. IS
H. K. TELE. CO.

10 號 A 電話（主機和分機）
N1053B（主機）、N1054B（分機）

座枱式
1960 年代，英國製造
製造商｜愛立信
電木膠
黑色

這款電話可接一條街線和一部分機。主機機頂前有四個按鍵，最左邊的紅色按鍵是用作接街線。一般來說，當有街線電話打入時，若需要轉駁至分機，須先按主機第二個按鍵以保留通話，再攪動電話機右側的手柄，響分機鐘，分機同意後，須再按第四個按鍵將街線轉駁至分機。當分機在通話時，主機左下方的紅燈會亮著，直至分機收線才熄滅。若分機想與主機通話，可先攪動分機右側的手柄，響主機鐘，而主機方須先按下第三個按鍵應線。若分機方需要轉駁至街線，主機再按下第四個按鍵便可。與主機一樣，分機前方設有一顆閃燈，由於分機一般置於上級辦公室處，電話鈴聲會調得很小聲，因此附加閃燈以作提醒，減少騷擾。

分機

LIFT
RECEIVER AND
WAIT FOR
DIALLING TONE
EXCH
EXTN
EXTN
EXTN
TO EXCH
H. K. TELE. CO.

11 號 A 電話
Ericofon

座枱式
1960 年代，瑞典製造
製造商｜愛立信
亞加力膠
備有多種顏色；香港使用的有淺灰色、象牙色、粉綠色和紅色

這款電話設計特別，是一部整體化電話，聽筒與機身是連在一起的，而撥盤與收線掣置於電話底部，小巧輕便，大大減少佔用空間。只要將電話機平放在枱面上即可收線，提起電話即可撥號。響鐘部分有兩款，一是外置迷你小鐘，二是在電話機內裝設蜂鳴器（Buzzer）。由於響聲較柔和，特別適合安置於睡房或其他寧靜環境。它的外形似一隻倒轉的豬腳，所以俗稱「豬腳仔電話」。外國則稱為「眼鏡蛇」電話。

1
2
3
4
5
6
7
8
9
0
ABC
DEF
GHI
JKL
MNO
PRS
TUV
WXY
OPERATOR
NORTH ELECTRIC COMPANY, GALION, OHIO

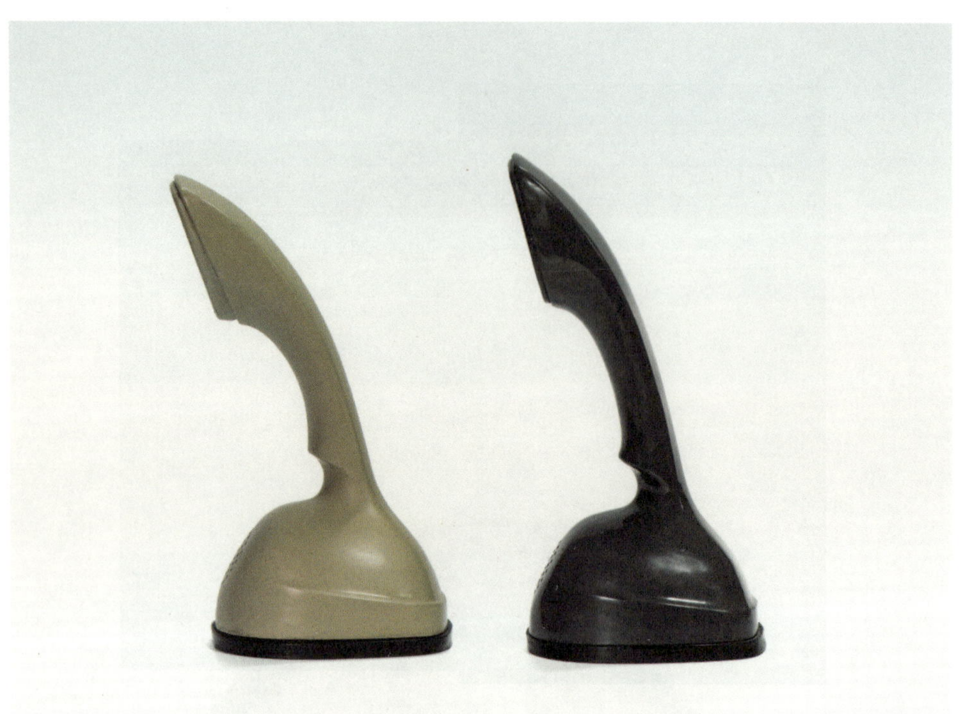

Ericsson
LM
MADE IN SWEDEN

16 號 A 電話
N1980

掛牆、座枱式
1970 年代，英國製造
製造商｜愛立信
亞加力膠
玫瑰紅、象牙色和粉藍色

這款是 1970 年代由英國愛立信生產的可掛牆及座枱電話，有外置鐘箱或蜂鳴器兩款，特點是撥盤下有燈，夜間可發光，方便確認電話位置而不用開燈。當提起聽筒時，燈光會再亮一倍，使撥盤數字更清楚。由於鐘聲或蜂鳴器響聲不太大，特別適合安置於睡房或其他寧靜環境。

17 號 A 電話（主機）
625

座枱式
1970 年代，英國製造
製造商｜通用電氣
亞加力膠
灰啡色（雙色）、黑色和象牙色

這款電話可接一條街線和兩部分機，非常適合小型商業辦公室，或是「前舖後居」的商家。兩部分機分別是室內分機（Internal extension）及室外分機（External extension）。室內分機與主機的距離不能超過 50 米，而室外分機則無限制，甚至跨區亦無問題。主機前端有六個按鍵，最左邊的是「RELEASE」鍵，當按下其他按鍵後，這些按鍵會固定不動，此時可按「RELEASE」令它們回復原來位置；第二個按鍵是「SPK TO EXCH」，用於接聽街線；第三個按鍵是「SPK EXTN EXCH HELD」，用於保留通話並與分機通話；第四個按鍵「EXTN TO EXCH」則是用於將街線轉駁至分機。這四個按鍵前另有兩個橫條型按鍵，分別用於叫喚兩部分機。而分機叫喚主機則可按分機機頂的按鍵。當分機在通話時，主機的「EXTN TO EXCH」鍵會亮著，以作提示。

18 號 A 電話

座枱式
1960 年代，西班牙製造
製造商｜ Citesa Málaga
亞加力膠
紅色、綠色、黑色、灰色、黃色、粉藍色和象牙色

這款電話的外形設計為流線型，顏色有多種，機身輕巧，鈴聲不像舊款電話那麼響亮，機底更有一個旋鈕供自行調校鈴聲大小，適合安置在睡房內，於當年是很受歡迎的款式。

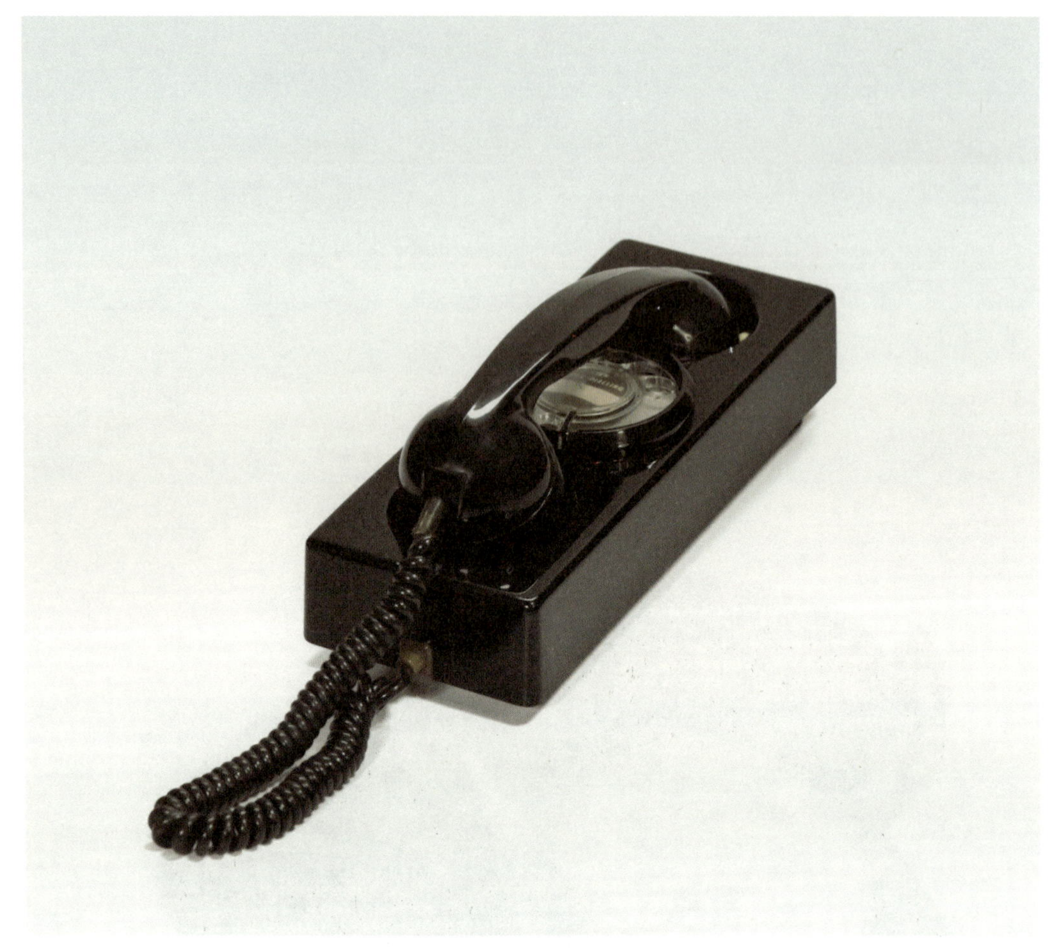

19 號 A 電話
75 Muraphone

掛牆式

1960 年代，英國製造

製造商｜通用電氣

亞加力膠

黑色、灰色和象牙色

這款電話的體形修長，不佔地方，特色是用蜂鳴器代替響鐘，適合在公眾場所作公用電話或宿舍分機電話。聽筒放置處有兩白色膠粒，可夾緊聽筒不易跌下。

20 號 A 電話

座枱式
1970 年代，馬來西亞製造
製造商｜Pernas Plessey
亞加力膠
黑色、象牙色、紅色、黃色、深淺綠色（雙色）和灰啡色（雙色）

1970 年代，電話公司不再需要向英國訂購電話機，因為有更多的來自不同國家的製造商可供選擇，包括瑞典和日本等地。這款電話是馬來西亞生產的。顏色有六種：深淺綠色、紅色、黑色、象牙色、黃色和灰啡色。撥盤面劃一是透明的，電話機挽手（Carrying bar）採用金屬鐵片，成本大大減低。

DIAL
請撥
999

20 號 K 電話

座枱式
1970 年代，馬來西亞製造
製造商｜Pernas Plessey
亞加力膠
黑色、象牙色、紅色、黃色、深淺綠色（雙色）和灰啡色（雙色）

「K」是指按掣電話（Key pad）。1980 年代，電訊傳送進入了數碼時代，為了配合新功能接駁系統，脈衝制式（撥輪式電話）要轉用音頻撥號。要將全部撥輪式電話機轉換成按掣式，成本很高。如果只須在原本的 20 號 A 電話機上更換音頻式按掣，取代攪盤，此舉影響最少。光纖技術的出現也催生了另一個計劃，就是將所有傳統接線盒改成插座式，鼓勵客戶自己購買電話。此舉方便客戶搬遷時自行帶走電話，不用等電話公司派員上門收電話，節省人力和時間。講咪亦改用電子講咪，通話時更清晰，也耐用，沒有傳統炭砂咪因受潮濕而造成噪音的問題。

1
2
3
4
5
6
7
8
9
*
0
#

1
2
3
4
5
6
7
8
9
*
0
#

1
2
3
4
5
6
7
8
9
*
0
#

21 號 A 電話
Trimphone 712

座枱式
1960 年代，英國製造
製造商｜通用電氣
亞加力膠
灰綠色、青綠色、淺啡色和粉藍色

這是第一部採用聽話器（Receiver）代替響鐘的電話，即利用電子線路令聽話器發聲以代替響鐘聲。由於沒有響鐘，所以鈴聲不會太大聲。電話機右側有一個旋鈕，可調校聲量，供有不同需求的各個環境場合使用。這款電話很輕巧，聽筒改成直放式，機身與手柄顏色是雙色配搭。

24 號 A 電話
741

掛牆式
1960 至 1970 年代，英國製造
製造商｜通用電氣
亞加力膠
備有多種顏色；香港使用的有灰啡色（雙色）、黑色和象牙色

這款電話於香港有三種顏色，一般會安置在茶餐室供客人使用，也有用作宿舍或酒店內線分機。在英國更有紅色、綠色及藍色。

H.K. TEL. CO.
DIAL
999
FIRE
POLICE
AMBULANCE

1 2 3 4 5 6 7 8 9 0
LISTEN
BEFORE DIALLING

1 2 3 4 5 6 7 8 9 0
852-4264128

25 號 MK1 電話
Push Button Telephone 746K

這款雖然是按掣電話，但由於當時仍不是以音頻操作，還未有「*」和「#」號，因此按掣等候時間與攪盤一樣。

座枱式
1980 年代，英國製造
製造商｜通用電氣
亞加力膠
紅色、灰啡色（雙色）和象牙色

1 2 3
4 5 6
7 8 9
0
5-449072

1 2 3
4 5 6
7 8 9
0
3750/880

25 號 MK2 電話
Push Button Telephone 782K

這款是 25 號 MK1 電話的進階版，已是音頻撥號電話，有「*」及「#」鍵，可配合電子機樓多項功能。

座枱式
1980 年代，英國製造
製造商｜通用電氣
亞加力膠
灰啡色（雙色）、深淺綠色（雙色）和象牙色

27 號 A 電話
Contempra

掛牆式
1970 年代，加拿大製造
製造商｜Northern Telecom
亞加力膠
備有多種顏色；香港使用的有粉藍色、橙色和象牙色

這款又稱「講聽百樂」，為原產地名稱「Contempra」的音譯，可座枱或掛牆，設計為流線型，撥盤安裝在聽筒中間。此外，等待對方接聽時，可將聽筒懸掛在電話機上，不會跌落。電話機旁有一個旋鈕，可調校鈴聲聲量。

999

28 號 A/K 號電話
Masterset

座枱式
1970 年代，瑞典製造
製造商｜西門子兄弟
亞加力膠
灰色、象牙色、綠色、黃色、橙色、杏色和紅色

這款又稱「美事達式」，為原產地名稱「Masterset」的音譯，最初有攪盤（28 號 A），後來進入了數碼化年代，轉用音頻撥號（28 號 K），接駁速度大大增加。配合「*」和「#」號按鍵，更可操作電子機樓一些特別的功能，例如輸入一些數字後，可以「*」或「#」號按鍵確認輸入或重新輸入。此外，電話機機底有一個按鍵供調校鈴聲聲量。

SIEMENS

1
2
4
5
8
9
0

29 號 K 電話
Slimset

掛牆、座枱式
1960 年代，台灣製造
製造商｜不詳
亞加力膠
象牙色、黃色、灰色、啡色和墨綠色

這款又稱「秀麗式電話」，為原產地名稱「Slimset」的音譯，雖然是按掣式電話，但沒有音頻撥號功能，按掣後等待接通的時間與傳統撥輪電話一樣。若掛於牆上，機身的掛鈎設計可供暫時掛放聽筒之用。

1 2 3
4 5 6
7 8 9
0

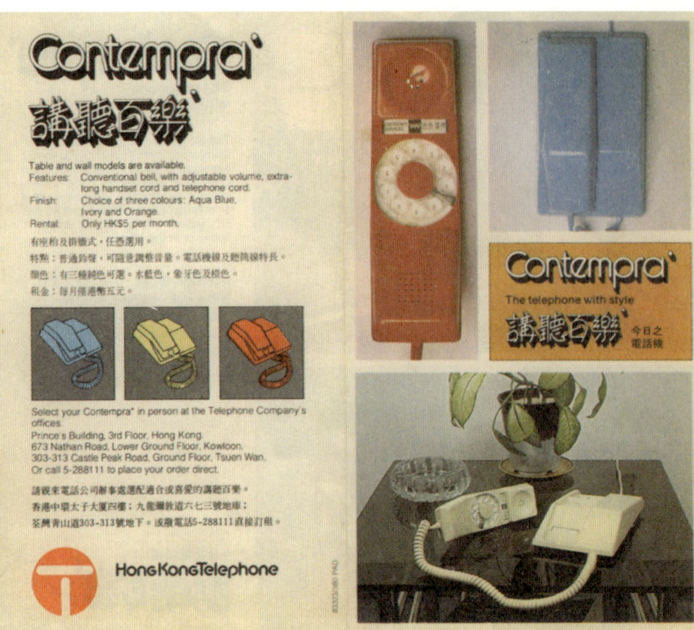

左 |「講聽百樂」之宣傳小冊子

中 |「美事達式」之宣傳小冊子

右 |「秀麗式電話」之宣傳小冊子

New Masterset
ephones put you
touch with today.
追上新時代
用"美事達式"電話

sterset

Introducing the stylish new Masterset
hone. Masterset is light, with a built in handle
asy carrying and is beautifully designed to
l with any decor. The Masterset comes in a
e of 5 colours: grey, fern green, ochre, ivory
orange.

The Masterset with its modern attractive design
mpact-resistant case is ideal for both the home
office. What's more, it costs only $4 per month.

事達式"電話

"美事達式"電話設計新穎，輕巧實用。機身設有
式手挽，方便移動。
外型雅緻，線條優美，機身堅固的"美事達式"電話，
色、綠色、黃色、象牙色及橙色以供選擇，適合
任何辦公環境或家居佈置。
"美事達式"電話月租僅需四元。

THE SOPHISTICATION OF PUSH-BUTTON DIALLING

The Slimset's push-button dialling system will minimise the chances of your ever making annoying dialling errors. It particularly makes IDD calls even easier to obtain. The keypad itself has a positive action ensuring that your finger pressure makes a firm circuit contact every time.

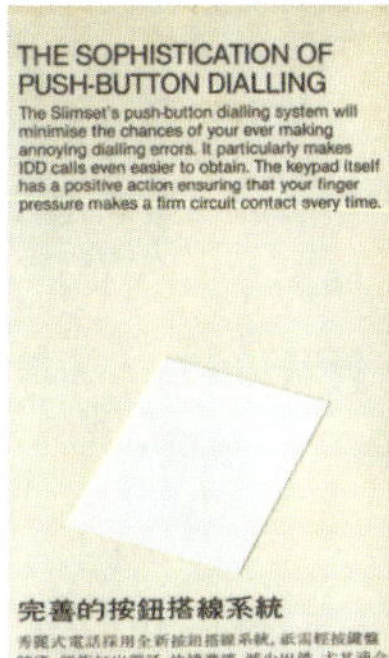

完善的按鈕搭線系統

The clean shape of the Slimset is complemented by a range of decorator colours that will blend with modern home or office colour schemes. The all push-button Slimset comes in a choice of five attractive colours: ivory, green, yellow, brown and grey and costs only $12 per month more than a conventional black dial telephone.

To order your Slimset, please complete the attached application form, visit one of our shops shown below, or call 5-288111 and ask for our Sales Department.

Showroom Addresses:
First Floor, Prince's Building, Chater Road, Hong Kong.
Lower Ground Floor, 673 Nathan Road, Mongkok, Kowloon.
Second Floor, Shop 5, Wo Che Commercial Complex, Sha Tin.
Ground Floor, 303-313 Castle Peak Road, Tsuen Wan.
Ground Floor, 232 Yuen Long Main Road, Yuen Long.

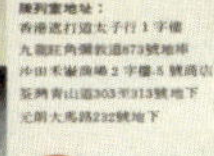

HongKong Telephone
香港電話有限公司

THE NEW SLIMSET TELEPHONE
Advanced styling
Space-age electronics

秀麗式電話
設計先進
太空時代電子科技新產品

20 號鐘箱
Bell Box 20

掛牆式

1930 年代，英國製造

製造商｜通用電氣

橡木

這是一個鐘箱，也是一個街線轉駁器，可連接一條街線和兩部電話（主機和分機）。箱前方有一個控制面板，包括一個可旋轉至四個方向的黑色旋鈕。旋鈕上有一指針，正常情況下指針指向下方「NORMAL MAIN TO EXCH」位置，當有街線電話打入時，鐘箱會發出聲響，這時候主機電話先接聽。若果需要轉駁至分機，須將指針旋轉到左方的「MAIN TO EXTN EXCH HELD」位置，以保留通話，然後再攪動鐘箱右側的攪柄，響分機鐘。接通之後，再將指針轉到上方「EXCH TO EXTN」位置，這時街線便轉駁至分機了，而控制面板上的顯示屏會出現「ENGAGED」字樣，表示分機正在使用中。當分機收線後，字樣便會消失，同時須把指針指回下方位置。若是想用分機與主機通話，分機方可先攪動右側的攪柄，響主機鐘，而主機方須將指針轉向右方「MAIN TO EXTN」，便可與分機通話。若分機方需要轉駁至街線，主機方將指針指向上方「EXCH TO EXTN」便可。

鐘箱控制面板

EXCH
TO
EXTN
MAIN TO
EXCH

2+5 電話
Prototype Exchange Telephone

座枱式
1960 年代，英國製造
製造商｜Automatic Telephone and Electric Company
電木膠
象牙色

這款是商用電話，適用於小型辦公室，可接兩條街線和五部電話機。五部電話機的功能一樣，都能夠接聽街線，機頂有三個按掣，左右兩個是街線掣（A 掣和 B 掣），掣下有燈，有來電時燈會亮起，只要按掣便可接聽。中間的按掣「CANCEL」用作取消街線，亦即是說，當按下 A 掣接聽街線後，另一條街線打入時，可按中間的按掣保留第一條街線，再按 B 掣轉駁至第二條街線，待通話結束後，再按 A 掣繼續與第一條街線通話。此外，電話機下方有七個按掣，其中五個是響另外五部電話機的響鐘。

LIFT HAND-MICRO & LISTEN FOR
DIAL TONE.
PULL DIAL
ROUND TO STOP & LET GO.

EXCH.
A
CANCEL
EXCH.
B
4
3
2
RECALL
1
2
3

LIFT HAND-MICRO & LISTEN FOR
DIAL TONE.
PULL DIAL
ROUND TO STOP & LET GO.

5 號 A 手挽電話
Bakelite 332 with Carrying Handle

座枱式
1950 年代，英國製造
製造商｜愛立信
電木膠
黑色

這款附帶手挽的電話機，在香港並不是標準電話，僅有少量曾在香港及澳洲使用過，需要特別申請，因此非常罕見。筆者偶爾在一些電話機上仍可見到側面有鑽孔，應該是當年曾經裝有手挽的痕跡。

附帶手挽

LIFT
RECEIVER AND
WAIT FOR
DIALLING TONE

5 號 B 電話
Bakelite 300 with Hand Generator

座枱式

1950 年代，英國製造

製造商｜愛立信

電木膠

黑色

「B」是指沒有撥盤的電話（Blank dial）。這是一款 1950 年代的內線分機電話，不設撥盤，只作內部通訊，多用於警衛室或更亭。若要聯絡總機，可先搖動中央的攪手，然後提起聽筒通話。

TO CALL—TURN HANDLE & LIFT HANDSET
WHEN FINISHED REPLACE HANDSET & TURN

TO CALL — TURN HANDLE & LIFT HANDSET

TO CALL — TURN HANDLE & LIFT HANDSET

WHEN FINISHED REPLACE HANDSET & TURN HAND

5 號 B 廣播電話
Internal Telephone with Speaker

座枱式
1950 年代，英國製造
製造商｜PYE
電木膠
黑色

這是一部內線分機，用於內部通訊，特別之處是沒有撥盤，並且設有一個喇叭。機頂有一個旋鈕，可旋轉以接到其他分機。值得注意的是，喇叭廣播功能並不是自動的，說話時須按住聽筒中央的「PRESS WHILE SPEAKING」，聲音才會從喇叭播出。電話公司曾在 1950 年代試辦電話股價廣播時推出過。

聽筒中央的按掣

PTE

機頂旋鈕

15 號 A 號電話
706

座枱式
1960 年代，英國製造
製造商｜通用電氣
亞加力膠
黑色、象牙色、紅色、藍色、黃色、綠色（雙色）和灰啡色（雙色）

1960 年代，電話公司向英國通用電氣公司購入一款亞加力膠電話，共有七種顏色，黑色是標準電話，租用其他顏色每月要額外加 5 元。這款電話的特別之處是配有撥盤外圈（Dial outer ring），並印有中文數字及阿拉伯數字，而且機殼前端刻有「H. K. TEL. CO.」字樣。到了 1970 年代後期，型號名稱改為 20 號 A，但已沒有刻記。此 20 號 A 與另一由馬來西亞生產的同型號電話很相似，零件大多可互換，不同之處是前者的零件是用導線連接，而後者已改用線路板（Printed circuit broad, PCB），電話底座也不一樣。

20 號 B 電話
Desk Telephone 706CB

座枱式
1960 年代，英國製造
製造商｜通用電氣
亞加力膠
黑色

這款電話的設計是為了用作直線電話，不設撥盤，因此不能接聽和撥打街線電話。提起聽筒即直接駁至主機。當年主要用於買賣市場等需要迅速反應、分秒必爭的場合，例如股票市場。為了減少嘈雜聲音，關掉了響鐘功能，並改用閃燈聽筒（Lamp signaling handset），以作提示。這款電話亦會安置在警衛室或控制中心使用。

G.E.C.

1950 年代戶外維修電話
N1845J Lineman's Phone Telephone

肩攜式
1950 年代，英國製造
製造商｜愛立信
金屬

1950 年代，從事戶外工作的電話公司員工，都會攜帶一部戶外維修電話，因為工作時經常要與機樓或相隔一段距離的另一組同事聯絡。這款電話配備攪盤和乾電池，只要接駁街線便可打電話；機身外有一攪手，可響對方電話的響鐘。

電話配備攪盤

PRESS WHILE SPEAKING

1970 年代戶外維修電話
Lineman's Phone Telephone 704

肩攜式
1970 年代，英國製造
製造商｜Pernas Plessey
亞加力膠

1970 年代，電話公司維修部轉用了一款新的戶外維修電話機，較之前的輕巧，又有防水功能。

MOD RECORD
CB LB RING

此款已轉用透明膠攪盤，機身相對輕巧。

MOD
RECORD
CB LB RING

SKT
B
SA1
Pd
T3
R
SKT
A
T4
MR2
IC
KCB3
B-G
RGP
8

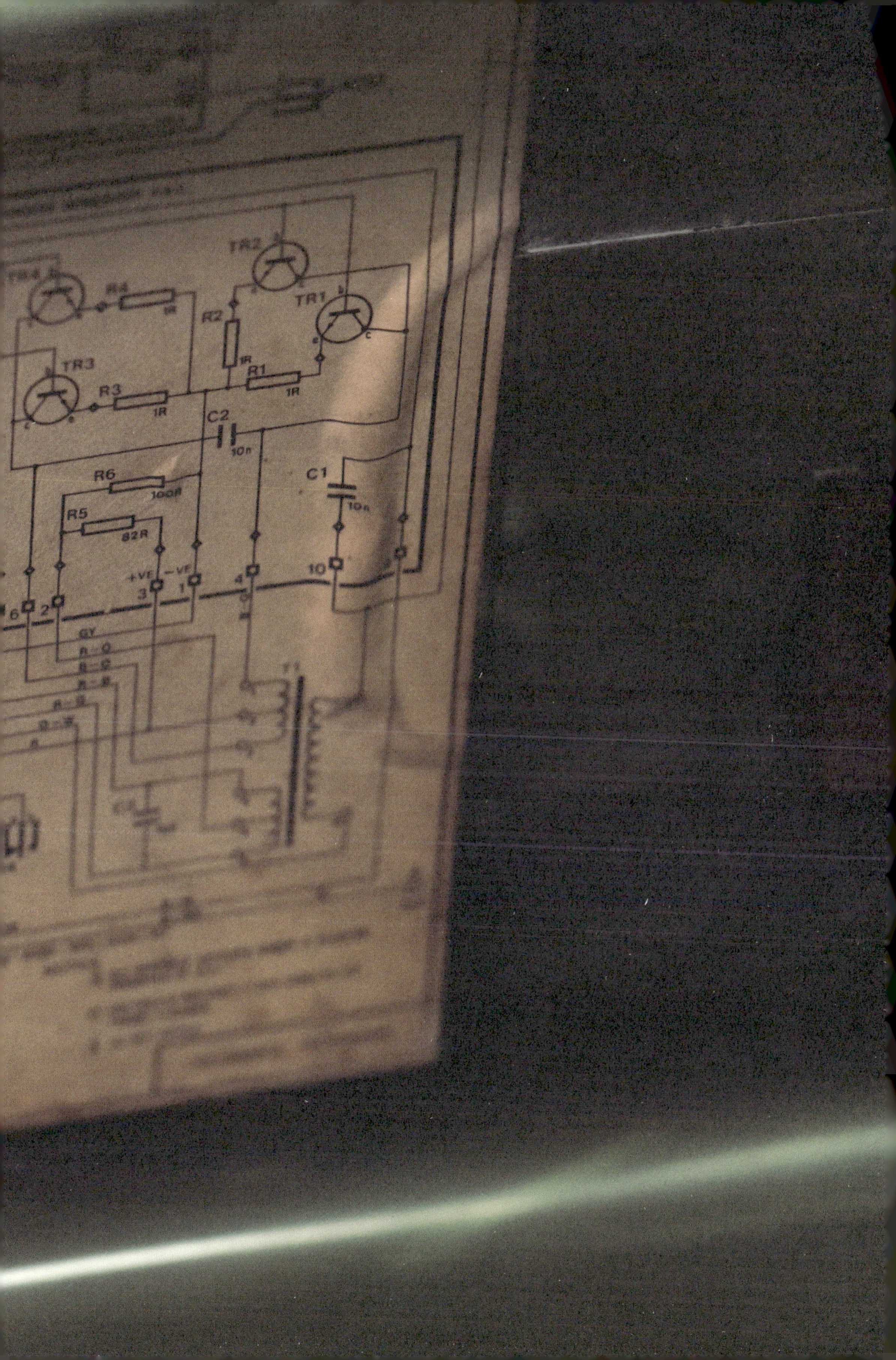
TR2
TR4
R4
1R
TR1
R2
1R
TR3
R1
1R
R3
1R
C2
10n
R6
100R
C1
10n
R5
82R
+VE
-VE
6
2
3
1
4
10
GY

慶祝香港電話服務 100 週年電話

香港第一間電話公司是由東方電話電力有限公司及大北電報公司合辦，1882 年在雪廠街設立機樓，開始提供服務。1982 年，推出電話服務已有 100 年，電話公司為慶祝此盛事，特別選出少量黑色電話電鍍成金色、白叻色及古銅色，並安排在各繳費中心及申請電話辦事處櫃台當眼處陳列和宣傳，租金與其他顏色的電話一樣。初時反應不錯，但很快便被要求退回及更換其他顏色的電話，因為電鍍材料含金屬物，到了冬季天氣乾燥，加上室內鋪上地毯，使用時容易被靜電電到。另一原因是電鍍容易因手汗而褪色，露出原來的黑色，十分不美觀。

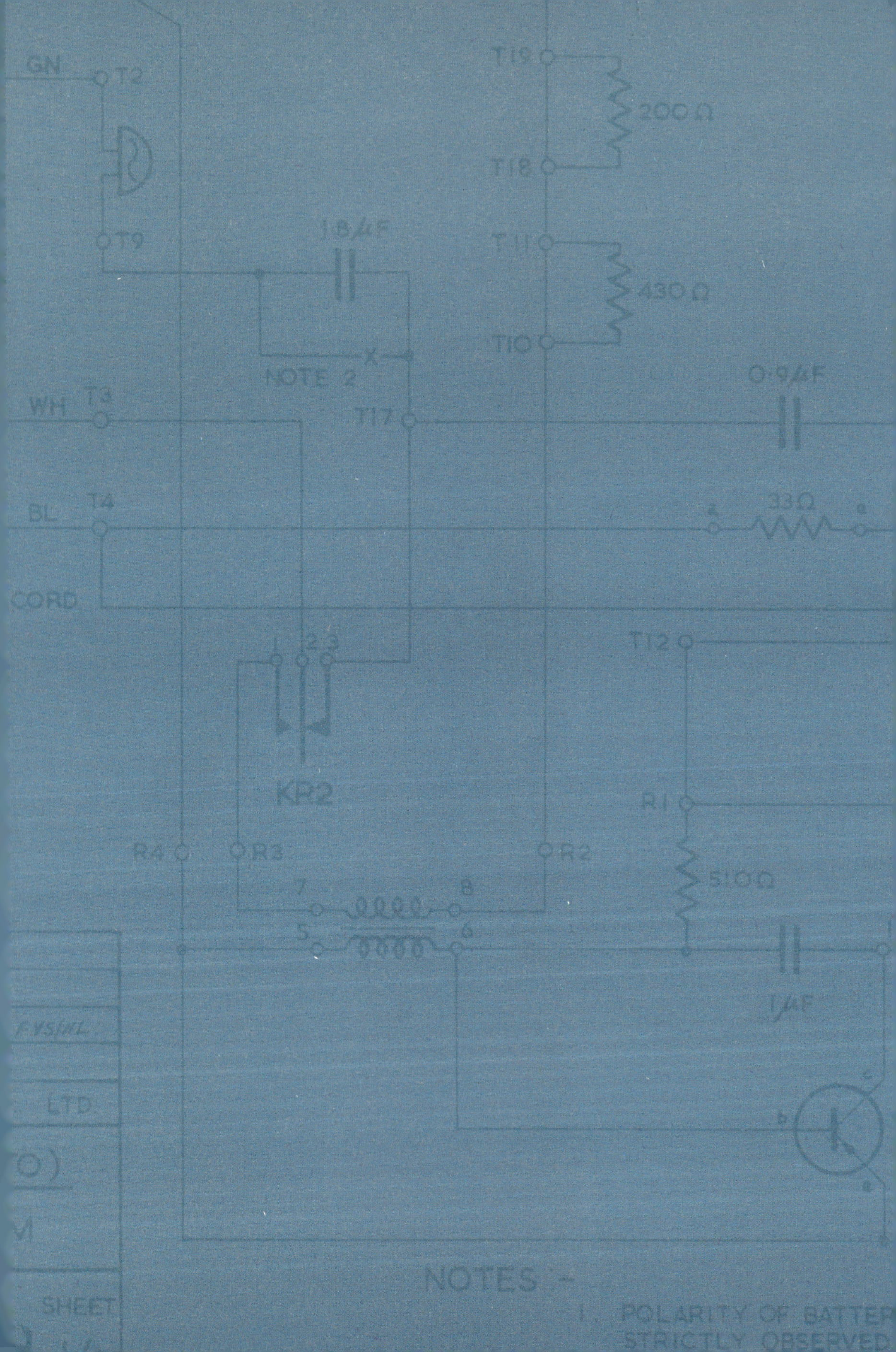

GN
T2
T9
1.8µF
NOTE 2
X
WH
T3
BL
T4
CORD
T17
T19
200Ω
T18
T11
430Ω
T10
0.9µF
33Ω
T12
R1
510Ω
1µF
1 2 3
KR2
R4
R3
R2
7
8
5
6
b
c
e
F.VS/NL
LTD
(O)
M
SHEET
NOTES :-
1. POLARITY OF BATTER
STRICTLY OBSERVED

第4章

電話與社會

當年申請電話手續

1920 年代於香港申請電話並非容易事，因為當年求過於供，有客戶為求得一部電話機，不惜以高價七八千元徵求現有客戶轉讓電話（可更改名字和地址）。在 1927 年 2 月 21 日的《工商日報》中，電話公司代表表示欲申請電話，可以英文寫信到電話公司，或親身到中環雪廠街電話公司總局辦理登記手續，再繳付 50 元按金及簽合同，約十天後便可安排安裝電話。[1]

但以當年來說，並沒有看似那麼簡單，第一，當時英文在香港尚未普及，文件都以毛筆書寫為多，而書寫英文字用的墨水筆是高級文具，價錢昂貴，未必每家都有。據老前輩說，當年「西裝」、「皮鞋」和「墨水筆」乃表示你是在洋行或大公司工作的身份象徵，並非勞動階層所能擁有的。當時於街邊替人寫家書的寫信佬，都是用毛筆，每封 3 至 5 毫；若書寫申請表格，動用到墨水筆則要 2 至 3 元。如要以英文書寫再另計。第二，填妥表格及繳交按金後，不一定是十天內就能安裝電話，要視乎住處附近有沒有獲分配電話電纜，否則可能要等很久，機會等同今天輪候獲安排入住公屋一樣。

老前輩憶述，成功申請後，電話公司會派一名視察員到申請者住處，視察哪個位置適合安裝電話、放置電線沿途有沒有障礙物、電話電纜箱的位置是否合適等等。當年電話線是從屋內經窗外或騎樓直放到鐵柱上。在主要街道上，往往有很多伸出街道中央的大型招牌，或有地舖裝修而使放線工序倍增困難，因此視察員的報告非常重要，往往影響成功安裝電話與否。

當年仍有收「茶錢」風氣，不少客戶都會給予視察員「茶錢」，以表示「誠意」。筆者曾聽過老前輩憶述，曾經有一個客戶的住址在般咸道，電線從家中放線，沿途經正街直到高街某處電纜箱，兩者相隔甚遠，可想這份「誠意」非輕。老前輩又說，視察員的職位難求，暗地裡花了不少「孝敬」錢才買到這個職位，因此從不望升職，直到退休。他們每月都會設宴款待上下部門同事大吃一餐，以示謝意。

由於以前電纜箱安裝在大街，經常被店舖招牌或裝修遮蓋，導致進行新裝設電話或維修工作非常困難，後來統一把電纜箱遷移到樓宇門口的公眾地方或後巷位置。

② 電話維修服務

市民租用電話期間，如出現電話故障，可聯絡電話維修中心（Customer Service Centre）。1950 年代，電話維修中心的號碼是「09」。當年尚未有電腦來記錄客戶資料，都是寫在一張硬卡紙上，並存放在電話記錄卡櫃內。

每當「09」客戶服務員接到客戶電話，得悉客戶的電話有問題時，會先把客戶提供的電話號碼及問題寫在一張「損壞報告表格」（Fault docket，見下圖）上，然後把表格放到桌上的特定文件盤（Docket tray）上。相關同事會定時收集這些表格，再於存放用戶電話號碼資料的電話記錄卡櫃中，取出客戶的記錄卡（有點像現時診所儲存病人的病歷記錄表一樣），連同損壞報告表格一併送到負責該區電話線路的「試線員」（Area test clerk）手中。試線員會先在客戶的線路上作簡單測試，如有需要，或會聯絡用戶了解問題，以決定是否安排戶外維修師傅上門維修。戶外維修師傅按照試線員提供的地址及資料登門維修，問題解決後，會致電給試線員，向他報告損壞原因及是否需要再作跟進。最後，試線員會將結果填寫在客戶的記錄卡上，放回電話記錄卡櫃內，維修工作才算完成。

以上是一般情況的程序，若測試線路位置遙遠，則要聯絡當區機樓的職員協助分段測試。

<table>
<tr><td colspan="5">Fault Docket</td></tr>
<tr><td colspan="4">Tel no.</td><td>Date</td></tr>
<tr><td colspan="5">Fault</td></tr>
<tr><td>Dial</td><td>H/B S/B</td><td>Cord</td><td>Case</td><td>Noisy</td></tr>
<tr><td>Dis</td><td>L/I</td><td>Loop</td><td>B/B</td><td>E/B</td></tr>
</table>

損壞報告表格

「試線員」的頭戴式聽筒（Operator head set）

撥盤速度測試儀器。這是一個測試電話是否有故障的工具。只要撥動撥盤，測試指針便會跟隨著跳動，如果測試指針所指的數字與所撥號碼不同，即表示撥盤號碼接錯了，需要更換。

試線員偶爾會兼顧一些特別的工作。當有客戶遭遇電話騷擾時，例如深夜頻頻打電話來卻不出聲或作恐嚇等行為，可致電「09」反映問題。電話公司受理後便會將客戶電話轉駁到試線員那處，讓接線員先行接聽每一個電話，正常的電話會放行，如是有問題的則追查來源並給予來電者警告；如客戶已報警，則將資料交給警方跟進。

在 1955 年以前，報告電話故障要撥打「09」，直至 1979 年初改為撥打「109」，因此電話維修中心又叫「109 中心」。當年 109 中心分三處，香港區最初設在美利道多層停車場大廈（已經清拆，重建成商廈「The Henderson」）頂樓（中環機樓），後來因停車場要改建而遷到軒尼詩道駱克機樓；九龍的設在窩打老道機樓；新界的設在荔枝角機樓，最後搬遷到沙田圓洲角機樓，統一接收全港九及新界的 109 及 108（供客戶查詢電話號碼）中心的工作。

1983 年 10 月 20 日以後，凡是 now 寬頻電視、網上行、eye 多媒睇或家居固網電話服務的客戶，都可以透過撥打個人客戶服務綜合熱線「1000」使用一站式客戶服務及技術支援。客戶服務中心設於內地；若涉及技術支援、線路測試等工序，則會轉駁回香港沙田圓洲角機樓及牛頭角機樓跟進。

緊急求助電話服務

市民除了要知道電話維修中心的號碼，有個號碼亦須謹記，那就是報警電話號碼。1940 年代，當時尚未有「999」緊急報警熱線，市民遇事可以透過撥打所在地區警署的電話來聯絡警方求助。1947 年 5 月 9 日的《工商日報》便有記載，警方在報章上發佈各區警署的電話號碼，如中央警署為 19386、旺角警署為 58155、尖沙咀警署為 56121 等，[2] 並呼籲市民必須設法防範，晚上須將一切貴重物品妥善放好，關好門窗。原來，當年的建築物為三層，高度一致，所以天台多是相連的，成為居民晾曬衣物及小孩遊戲的場地。每幢大廈的樓梯都可以到達天台，賊人入屋偷竊的事件經常發生。

市民通常會將警署號碼寫在硬皮紙上，放在當眼處，這樣的做法可以在緊急情況下迅速找到聯絡資訊，方便隨時撥打。然而，如上文所說，當年申請電話並非容易事，不是每家每戶都有電話，沒有電話的市民必要時須向鄰舍、店舖借用電話，只是若是在晚上店舖都關了門或身處於較偏僻的地方，就會比較麻煩和困難了。

至於報火警又是怎樣的呢？今天我們報火警同樣是撥打「999」，1950 年前如發生火災，市民會利用街頭火警鐘來通知相關部門。街頭火警鐘是重要的安全設施，通常設置於街道的當眼處、轉角處，戰前香港區多條街道已設立火警鐘。然而，這種火警鐘的消防龍頭閥是全銅物料，非常值錢，因此經常被拆去，更於二戰期間遭受到嚴重破壞。戰後，當時的滅火局（現稱消防處），向英國訂購 100 個新的街頭火警鐘，重新分段安裝，供市民遇上火警時立即通知滅火局。[3]

街頭火警鐘是紅色的，柱身全是用鑄鐵（Cast iron）所造，高度五呎餘，設計成手拉式的，市民如遇上火警，只要用硬物擊破火警鐘玻璃，然後拉動手柄，最後留在警鐘旁等候消防車到場及指示發生火警位置便可。[4] 然而，這款火警鐘的缺點在於無法與報警者直接聯絡。[5] 因此，本港於

1950 年開始使用 999 緊急報警系統，這個系統能夠提供更快速和有效的通報方式，讓報警者能夠直接與接警中心聯繫，並獲得即時的指導和協助。

與此同時，滅火局於街頭新設了稱為「自動火警鐘」的火警鐘，與原有的不同，設計為小屋子形狀，正面裝有玻璃，只要打破玻璃，打開小門子，便可取出聽筒，直接與接線生聯絡，詳細說明火警地點及現場環境。[6] 到了 1953 年，市面開始廣設公眾電話亭，加上後期撥打 999 是免費的，大眾都開始習慣使用 999 熱線求助，街頭「自動火警鐘」功能被公眾電話取代，因此由 1954 年起停用港九街頭的火警鐘。此後，若遇火警或需要緊急協助，都可撥打 999 熱線。

1950 年 11 月 26 日《大公報》報道，警方為了推廣 999 熱線，讓市民充分利用緊急報警電話號碼，特地舉辦記者招待會，於媒體面前示範此報警系統的效能，並帶領他們參觀 999 控制室內部。是次示範由記者擇定英皇道的雲華大廈，撥打 999 並報稱當地發生火警，只需約五分鐘，第一輛警方衝鋒車便來到，再過一分鐘，救火車緊接著到達了。[7]

街頭警用電話亭

第三章（香港曾經使用過的電話機）介紹過一款稱為「8 號 A」的電話機，用於警隊安裝的街頭電話亭。電話尚未普及的年代，警員在夜間值勤時如遇上事故、需要增援，很難迅速通知警署。因此，警方仿效英國設立警察專用電話，讓在值勤的警員可以與總局保持聯絡，而總局亦可透過警用電話向出勤警員發布緊急命令。

1947 年 6 月，政府宣佈在預算案撥款 175,000 元，採購 100 座警用電話亭設置在街道上。這些電話亭全是用鑄鐵鑄造，高度五呎餘，塗上深藍色。柱頂有一鐵造小屋子，前後各有一道小門，前面一道門沒有鎖住，公眾可打開，提起裡面的電話機聽筒就可報警；後面的一道門要有鎖匙方可打開，內有一部電話機。[8] 這些警用電話亭只是用作與警署直接聯絡，不能打電話到其他地方。每座電話亭都沿警員巡邏路線而設置，每個值勤的警員都配有鎖匙。電話亭內放置了一本記錄冊，讓警員寫下到達日期、時間及事故或周遭情況。若附近有罪案發生，警署接線生會預計警員巡經下一個警用電話亭的位置，並響動該電話亭的電話，召喚附近的警員幫手。警用電話亭通常設在金舖、銀行、半山高尚住宅及重要人物住宅附近。偶然也會安排警車停泊在警用電話亭旁待命，迅速提供支援。到了 1955 年 8 月，港九已設置了 45 座警用電話亭。[9] 這時期的警用電話亭轉為塗上灰色，並印有「POLICE」字樣。

據網上資料得知，現僅存五座警用電話亭，兩座在警隊博物館，一座在高級警官餐廳內，兩座在民間。

當年警員可使用警用電話亭，與警署或附近的警員聯絡。（圖片來源：作者藏品）

電話知識趣談 …………… **今天的緊急求助熱線**

今天手提電話已經很普遍，儘管公眾電話的使用率不高，但電話公司仍在市區偏僻地區及郊區登山路徑設置緊急求助熱線（Emergency helpline），以備不時之需。當我們遇到意外並且遺失手提電話、附近沒有公眾電話或所在地沒有網絡覆蓋等情況，只要按下適當掣鈕，便可報案或與最近的警署聯絡。

緊急求助熱線電話（圖片來源：馬仲德提供）

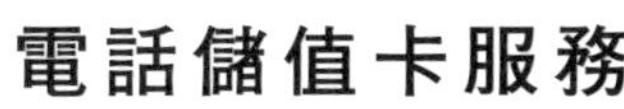

⑤ 電話儲值卡服務

記得在 1960 年代，當時外籍家庭傭工每到假日，除了與同鄉相聚，每個都心急打長途電話回鄉報平安。當年只有投幣電話，所以大家都會儲備一大袋硬幣。每到週日，電話公司便會運送多部經改裝的流動公眾電話機，到幾個外籍傭工聚集的地點，例如維多利亞公園和中環皇后像廣場等。雖然當時已安排頻密更換電話機錢箱，但仍有因錢箱塞滿而只能暫時停用的問題。直到 1984 年 1 月，電話公司在太子大廈電話商店安裝了全東南亞第一部儲值插卡直通國際電話機，市民只須把一張預先付費的電話儲值卡插入電話機內，即可直打通國際電話；電話機會按通話時間長短，從儲值卡自動扣除以 1 元為單位之費用，當卡內餘額不足，會在通話結束前 20 秒時發出響聲提示，用戶可更換另一儲值卡繼續通話。儲值卡的出現除了令公眾電話機錢箱不會被「塞爆」，也解決了市面因硬幣過度找換而短缺的問題。[10]

最初使用的儲值卡只有兩種面值，分別是 25 元和 100 元，卡面只印有紅白兩色，所以又稱紅白卡。儲值卡附有磁帶，用於記錄卡內的餘額。當用戶在公眾電話機中插入儲值卡時，電話機內的讀卡機會讀取卡內票值，並扣除通話時所需費用；通話完畢後，讀卡機會再次讀取卡內的餘額。這種儲值卡是一次性的，所以當卡內金額用完，便可棄掉或作收藏之用。1985 年，另一款白色卡面的儲值卡面世，面值分為 50 元、100 元及 250 元三款，稱為黑白卡。這些儲值卡最初只能在電話公司分店、CSL 商店、7-Eleven 和 OK 便利店買到。

1989 年以後，電話公司推出背面印有香港風景照及紀念特別節日，或具特別題材的電話儲值卡，以數張為一系列，甚至讓商家在票面刊登廣告，或以限量版為噱頭來吸引愛好電話卡的收藏者搜購。

25 元儲值卡

50 元及 100 元儲值卡

紀念特別節日或具特別題材的儲值卡

印有香港風景照的儲值卡

電話知識趣談 …………… **撥盤鎖**

1970 年代，若想用家居電話撥打長途電話，必須要到大東電報局登記，待電報局成功接通指定地區的長途電話就可。長途電話費用會記在家居電話賬單上。到了 1980 年代，電話公司與大東電報局合作，客戶可先到大東電報局申請一個賬戶號碼，便可利用家居電話直撥長途電話，這種服務稱為「國際直接撥號」(International direct Dialing, IDD)。然而，當年有不少用戶投訴，家中的傭人趁僱主不在家時，偷偷打長途電話回家鄉，導致高額的電話費用。僱主在收到電話賬單時，對於電話費用如此高昂感到驚訝，而當他們向電話公司查詢時，傭人已經離職，無法追查責任。

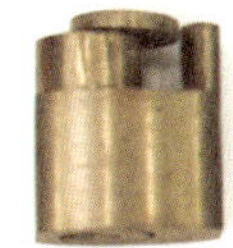

坊間出現的撥盤鎖

因此，為了防止傭人隨意使用電話，坊間出現了一種撥盤鎖，用於鎖住撥盤，從而限制其使用。只是，這種民間創意很容易把撥盤弄壞，後來電話公司因應客戶要求，在電話中直接加入鎖裝置；後期更於按掣式電話，設置限制使用密碼功能，用戶撥打長途電話時只須輸入密碼解鎖，這樣便可以確保只有得到授權的人才能撥打長途電話。

1990 年 4 月，電話公司推出國際電話卡（Calling Card），為用戶提供了一種快捷的方式來撥打國際長途電話。國際電話卡屬個人的電話卡，因此要向電話公司申請，確認申請後電話公司會發出一張信用卡大小的電話卡，卡面有 12 個數目字，持有人可以從香港致電海外，或在外國致電回港。只要在任何電話撥打電話到指定國際接線中心，經接線生核對資料後，便可為你接駁到海外電話或在港電話，所有費用都以港幣結算，記錄到你的指定電話賬單內，非常方便。另一特點是，若果使用「直駁香港」服務，可直接聯絡香港國際電話接線生，以廣東話交談，既親切又方便，排除語言隔膜，大受經常往來外地或旅遊人士歡迎。

左｜國際電話卡

右｜「密密傾」電話卡

另有一款「密密傾」電話卡（Hello Phone Card）也提供國際長途電話服務。此卡沒有磁帶，有 50 元及 100 元兩種。卡背有薄漆遮住的識別碼及啟用碼，購買後可用硬物刮走。使用時不用把卡插入卡槽內，只須選擇合適的語言，根據指示操作，輸入卡的識別碼及啟用碼，再輸入致電對象的資料，包括電話號碼、國家碼和區域碼等，即可進行通話。

當年國際電話卡之宣傳小冊子

⑥ 當年的電話單據

當年每個月我們都會收到電話公司寄來的電話單，提示需要繳交的費用，包括月費、租用電話機費、其他服務及長途電話費等。這些單據不甚顯眼，確認過要繳交的金額後，一般都會擱置在一旁。原來電話單從 1930 至 1990 年代期間有過不少更改，筆者在此與大家分享。

右圖是一張 1935 年的電話單據，電話費是每季 41.75 元，租機費則是每月 1 元。此外，電話單上貼有一張港幣 10 仙的印捐士担（Stamp Duty），這是印花稅票的一種，當作郵票使用，常見於 1930 至 1960 年代的收據或租單上，全套有三個面值，分別是 5 仙、10 仙及 15 仙。此印捐士担一直用到 1960 年代。

早期香港印花稅票印捐士担，有三種面值。

Dr. to **HONG KONG TELEPHONE Co., Ltd.**

(INCORPORATED IN HONG KONG)

香港電話有限公司發單

J. H. TAGGART, *Managing Director.*
J. P. SHERRY, *Manager.*

Telephone No. 26601

EXCHANGE BUILDING, (4th Floor)
DES VŒUX ROAD, CENTRAL,
HONG KONG.

CHEUNG SHA WAN,
KOWLOON.
D 59620.

Ref. No. 172

To Telephone Rental for Quarter ending 30th. September, 1937.

		$	cts.
Telephone/s No. 59620	each @ $167 p. a.	41	75
" "	" " "		
Extension/s No.	" " "		
" "	" " "		
Bell Set/s	" " "		
Branch Exchange Switchboard/s	" " "		
Extension Bell/s	" " "		
Power Circuit/s	" " "		
Hand Transmitter Telephone/s	" " "		
Extra Dial/s	" " "		
	" " "		
	" " "		
	" " "		
	" " "		
		41	75
OUTSTANDING ACCOUNTS			
Rural Calls			
Subscription			
Sundries			
"			
Total $			

$1.00 PER MONTH EXTRA

每月租銀一元

NOTICE.

THIS ACCOUNT IS PAYABLE ON THE 2ND. JULY, 1937, AND IF NOT PAID BY THE 31ST. OF THAT MONTH, THE HONG KONG TELEPHONE CO., LTD. RESERVES THE RIGHT TO DISCONNECT SERVICE WITHOUT FURTHER NOTICE.

(用戶請特別注意)

此單務於三十七年七月一日以前結清否則本公司隨時通告停止用話

1935 年的電話賬單

HONG KONG TELEPHONE COMPANY, LIMITED.

(INCORPORATED IN HONG KONG)

J. H. TAGGART, MANAGING DIRECTOR.
J. P. SHERRY, MANAGER.

TELEPHONES:- 26601 ALL DEPARTMENTS.

EXCHANGE BUILDING, (4TH FLOOR) 14, DES VOEUX ROAD CENTRAL HONG KONG.

██████████,
CHEUNG SHA WAN,
KOWLOON.
D

10, MAY 1934.

59620.

Dear Sir,

Unpaid Telephone Rental

We beg to draw your attention to the reminder on the Bill for the current quarter's rental, concerning the prompt payment of Telephone Rental, and shall be obliged by your early settlement of this account.

Unless payment is made within 7 days from the receipt of this letter we shall be reluctantly compelled to disconnect your telephone; which will remain disconnected until the rental is paid, in addition to a deposit of $50.00 and a reconnection fee of $2.00.

Yours faithfully,

For HONG KONG TELEPHONE CO., LTD.

Secretary.

啟者
尊處之電話費逾期許久仍未蒙擲下玆特行通告請由今日起壹星期內清交否則本公司惟有將
尊處之電機停止通話以後如欲將交通恢復必須將欠下之數清結并交續線費式元及保證金五十元此佈並候
台安
香港電話公司啟

一張 1934 年電話公司致客戶的逾期欠費通知單，提醒客戶自寄出日期起，七天內仍未繳清欠款，將會停止提供服務，若停止後要求重新接線，需要另加接線費 2 元及保證金 50 元。

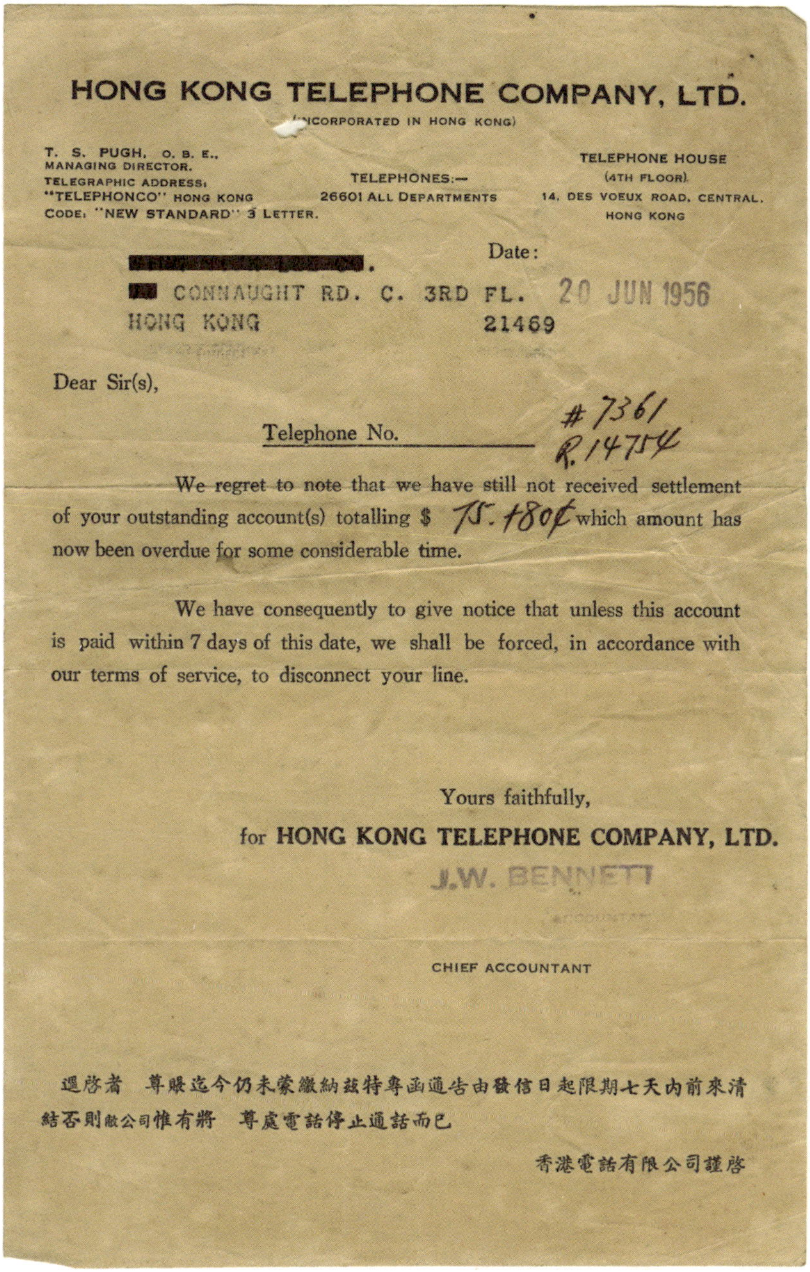

HONG KONG TELEPHONE COMPANY, LTD.
(INCORPORATED IN HONG KONG)

T. S. PUGH, O. B. E.,
MANAGING DIRECTOR.
TELEGRAPHIC ADDRESS:
"TELEPHONCO" HONG KONG
CODE: "NEW STANDARD" 3 LETTER.

TELEPHONES:—
26601 ALL DEPARTMENTS

TELEPHONE HOUSE
(4TH FLOOR)
14, DES VOEUX ROAD, CENTRAL.
HONG KONG

[redacted].
[redacted] CONNAUGHT RD. C. 3RD FL.
HONG KONG

Date: 20 JUN 1956
21469

Dear Sir(s),

Telephone No. #7361 R.14754

We regret to note that we have still not received settlement of your outstanding account(s) totalling $ 75.180¢ which amount has now been overdue for some considerable time.

We have consequently to give notice that unless this account is paid within 7 days of this date, we shall be forced, in accordance with our terms of service, to disconnect your line.

Yours faithfully,
for HONG KONG TELEPHONE COMPANY, LTD.
J.W. BENNETT
CHIEF ACCOUNTANT

逕啓者　尊賬迄今仍未蒙繳納茲特專函通告由發信日起限期七天內前來清結否則敝公司惟有將　尊處電話停止通話而已

香港電話有限公司謹啓

一張 1956 年欠費通知單，列明自信寄出七天後仍未繳交費用，即停止服務。

由於用戶欠費問題日益嚴重，電話公司在 1965 年採取新措施，從嚴對待欠費用戶。凡已寄出欠費通知單而超過一個月，用戶仍不繳費，即停止服務。[11] 翌年 5 月，鑒於情況未有大改善，電話公司採用更嚴厲的措施，用戶欠費逾五週，電話即撥給新戶。[12] 而且，為令欠費用戶留意單據，單上印有「FINAL NOTICE」，將催交費用的單據上的字印成紅色。

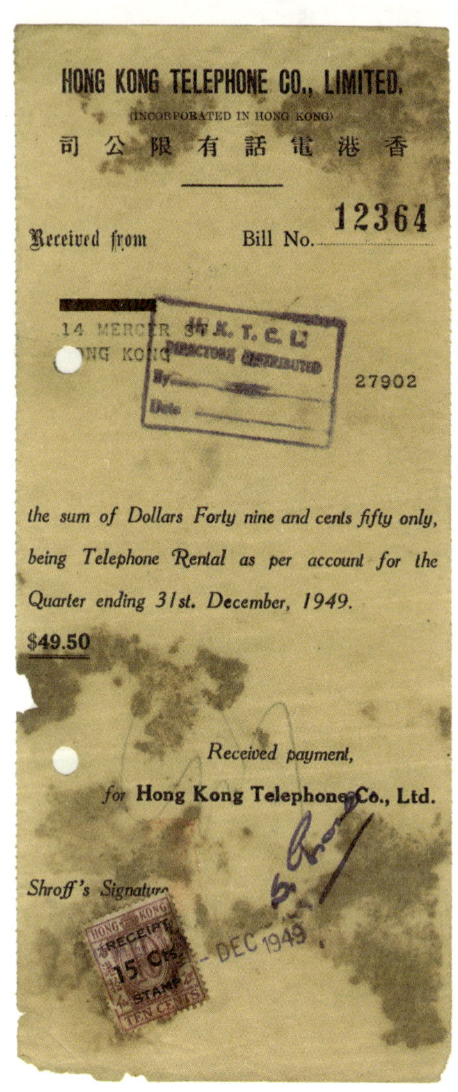

HONG KONG TELEPHONE CO., LIMITED.
(INCORPORATED IN HONG KONG)
司公限有話電港香

Received from　　Bill No. 12364

14 MERCER ST
HONG KONG

H.K.T.C. Ld
DIRECTORY DISTRIBUTED
By
Date

27902

the sum of Dollars Forty nine and cents fifty only, being Telephone Rental as per account for the Quarter ending 31st. December, 1949.

$49.50

Received payment,
for Hong Kong Telephone Co., Ltd.

Shroff's Signature

HONG KONG RECEIPT 15 Cts. STAMP TEN CENTS

DEC 1949

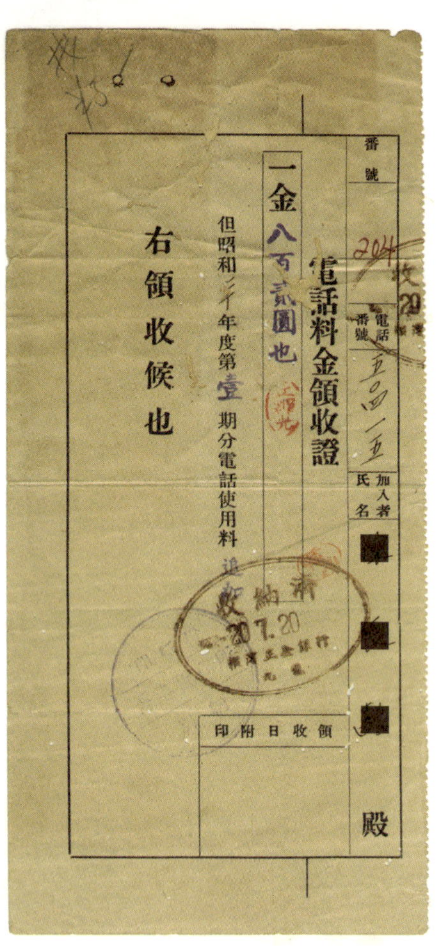

電話料金領收證

一金八百貳圓也

但昭和二十年度第壹期分電話使用料

右領收候也

番號

電話番號 五四一五

加入者氏名

殿

領收日附印

收納済 20.7.20

左｜一張 1949 年的電話賬單收據

右｜一張 1945 年（昭和 20 年）日本佔領香港時期的電話賬單收據

Dr. to **HONG KONG TELEPHONE Co., Ltd.**

(INCORPORATED IN HONG KONG)

香港電話有限公司通知書

Telephone No. 26601

TELEPHONE HOUSE
DES VOEUX ROAD CENTRAL,
HONG KONG.

AVENUE, 3RD. FLOOR,
KOWLCON
68725

1ST SEPTEMBER, 1959.

TELEPHONE RENTAL FOR 3 MONTHS FROM DATE FOR-	$	¢
1 Residential Line	56	25
AMOUNT DUE 請付此額 ☞	$ 56	25

NOTICE.

TELEPHONE RENTALS ARE PAYABLE IN ADVANCE. RECEIPTS ARE MACHINEPRINTED ALONG THE RIGHT-HAND EDGE OF BILLS AND SHOULD BE OBTAINED BEFORE LEAVING THE COMPANY'S OFFICE. THE COMPANY CANNOT RECOGNIZE PAYMENTS WHICH ARE NOT SUPPORTED BY SUCH RECEIPTS.

PRINTED BY T. C. WING PRINTING CO. TEL 40066

(用戶請特別注意)

電話費必須上期繳納本公司收銀必發回正式收條該收條凡交銀者必須候收條乃可離去如無正式收條執據本公司恕不承認

PLEASE PRODUCE THIS FORM INTACT AT TIME OF PAYMENT. 交銀時請携同此單

Received the amount printed below

For HONG KONG TELEPHONE Co., Ltd.

CHIEF ACCOUNTANT

PAID

16 SEP 59　57158 • • • A — — $ 56.25

THIS ACCOUNT MA...
HEAD OFFICE
BRANCH OFFICE
BRANCH OFFICE

上｜一張 1959 年的電話賬單

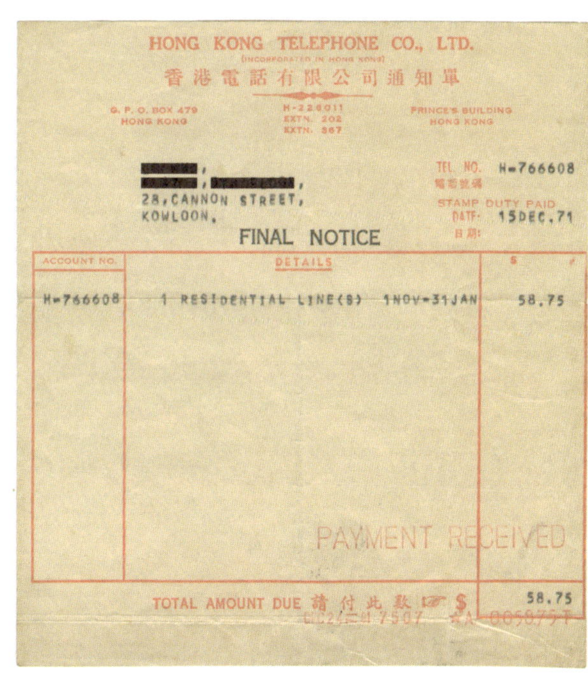

HONG KONG TELEPHONE CO., LTD.

(INCORPORATED IN HONG KONG)

香港電話有限公司通知單

G. P. O. BOX 479
HONG KONG

H-226011
EXTN. 202
EXTN. 367

PRINCE'S BUILDING
HONG KONG

28,CANNON STREET,
KOWLOON.

TEL. NO. 電話號碼 H-766608

STAMP DUTY PAID

DATE 日期: 15DEC.71

FINAL NOTICE

ACCOUNT NO.	DETAILS	$ ¢
H-766608	1 RESIDENTIAL LINE(S) 1NOV-31JAN	58.75
	PAYMENT RECEIVED	
	TOTAL AMOUNT DUE 請付此數 ☞ $	58.75

下｜一張 1971 年的欠費通知單，印有紅色字體。

1970 年代，有「香港設計之父」之稱的石漢瑞（Henry Steiner），為電話公司設計視覺識別系統，除了電話公司的經典「T」字標誌，還包括日常單據。他通過顏色和線條的變化來區分不同的付款狀況。[13] 共有五種顏色，橙色標誌配深灰色橫條的是日常賬單；橙色標誌配藍色橫條的是長途電話賬單；橙色標誌配綠色橫條的是欠費通知單；黑色標誌配橙色橫

Tel. No. 電話號碼
12-621724
Issue Date 印發日期
08/08/79

142-A, TAI PO RD.
KOWLOON.

HongKongTelephone
Prince's Building, Hong Kong
PO Box 479 GPO Hong Kong
Telephone Bill

香港電話有限公司
香港太子行
香港郵政總局信箱四七九號
電話費單

ITEM REF 賬項參考	ITEM DESCRIPTION 賬項說明（附註＊）	RENTAL PERIOD 租用期間	CHARGE 金額
	RESIDENTIAL LINE	8AUG- 7NOV	96.00

13340149C40621724A11979$$$$$96.00

This bill is due on presentation.
此單現已到期請即繳付。

Amount due rounded down to nearest $0.50 $ 96.00
一元以下作五角計，五角以下免收

Please do not tear along this perforation 請勿將此處撕開

日常賬單

條的是催繳費用通知單；而標誌轉灰色配橙色橫條的，則是通知用戶逾期未繳款將停止服務的通知單。這種以顏色區分賬單的設計一直沿用至 1990 年代。

STAGE 3, MEI FOO SUN CHUEN.
KOWLOON.

A/C No. 賬戶號碼 741 5268
Issue Date 印發日期 20/02/90

HongKongTelephone
and associated companies
香港電話有限公司
及聯營公司
International Call Bill
國際電話費單

CALL DATE 通話日期	DESTINATION 目的地	DISTANT NO. 長途電話號碼	CALL TYPE* 通話種類*	REFERENCE 編號	MINS 分鐘	CHARGE 元
26JAN	SHUNDE	27152	IDD	61151957	10.0	37.00
7FEB	MACAU	558933	IDD	63126206	5.3	11.13
14FEB	MACAU	558933	IDD	64703938	7.3	15.33
19JAN90	ODD CENTS B/F		741 5268			0.06
20FEB90	C/F TO NEXT BILL					-0.02

447453　7/3/90

A receipt will not be issued for cheque payment by post please retain this portion for your record.

$ 63.50

14-24 AU PUI WAN ST
FO TAN SHATIN NT

A/C No. 賬戶號碼 0-6056067
Issue Date 印發日期 19/10/84

HongKongTelephone
and subsidiary companies
香港電話有限公司
及附屬機構
Telephone bill
電話費單

ITEM REF	ITEM DESCRIPTION	RENTAL PERIOD	CHARGE
	BUSINESS LINE	15SEP-14DEC	192.00

FINAL NOTICE
最後通知

A receipt will not be issued for cheque payment by post please retain this portion for your record.

$ 192.00

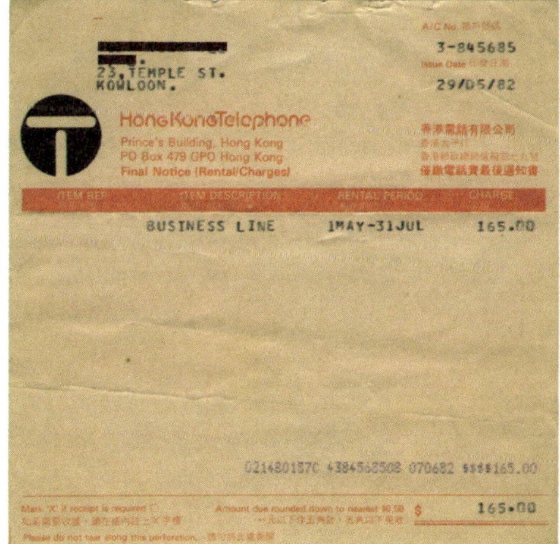

23, TEMPLE ST.
KOWLOON.

A/C No. 賬戶號碼 3-845685
Issue Date 印發日期 29/05/82

HongKongTelephone
Prince's Building, Hong Kong
PO Box 479 GPO Hong Kong
Final Notice (Rental/Charges)
香港電話有限公司
催繳電話費最後通知書

ITEM REF	ITEM DESCRIPTION	RENTAL PERIOD	CHARGE
	BUSINESS LINE	1MAY-31JUL	165.00

$ 165.00

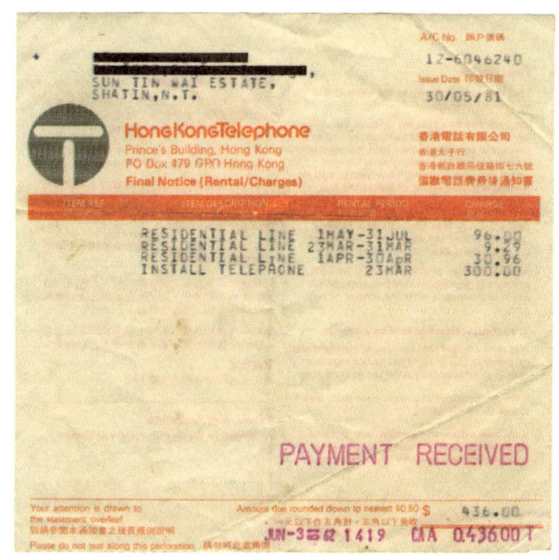

SUN TIN WAI ESTATE,
SHATIN, N.T.

A/C No. 賬戶號碼 12-6046240
Issue Date 印發日期 30/05/81

HongKongTelephone
Prince's Building, Hong Kong
PO Box 479 GPO Hong Kong
Final Notice (Rental/Charges)
香港電話有限公司

ITEM REF	ITEM DESCRIPTION	PERIOD	CHARGE
	RESIDENTIAL LINE	1MAY-31JUL	96.00
	RESIDENTIAL LINE	23MAR-31MAR	9.29
	RESIDENTIAL LINE	1APR-30APR	30.96
	INSTALL TELEPHONE	23MAR	300.00

PAYMENT RECEIVED

$ 436.00

左上｜長途電話賬單

右上｜欠費通知單

左下｜催繳費用通知單

右下｜將停止服務通知單

多元化的電話增值服務

後期電話發展蓬勃，不僅提供基本的通話功能，還增加了額外的多元化增值服務，提供不同功能，以滿足用戶的多樣化需求。

萬事 Call

1980 年代，電話公司向已登記長途電話用戶，推出一項特別收費服務，稱為「萬事 Call」，內容多元化，富有趣味性和實用性，主要用於查詢不同方面的資訊。「萬事 Call」用法非常簡單，只要選擇想收聽的項目，撥打相關號碼，一經接通，便會自動播出一段詳細訊息，收費隨即開始計算；若中途收線後再次撥號，費用亦會重新開始計算。由於資訊是由不同供應商提供，所以每項的收費都不相同；這個服務是 24 小時的，內容定期更新，用戶可以隨時撥打電話以查詢所需的資訊。用戶撥打該服務所產生的費用會與長途通話費用單一同列出，方便用戶查看和支付。

電話問前程：由命理學家提供 12 生肖當年運程，如事業、姻緣、學業、風水，以及宜忌及吉凶財位等。收費為每分鐘 4 元。

地產行情：由地產商（中原地產）提供全港九新界多個主要私人屋邨的樓宇行情、最新實際交易個案，包括成交價 、面積、高低層的平均呎價及裝修情況。收費為每分鐘 4 元。

靚湯集：介紹由豬、牛、羊、雞、魚、菜等材料煲成的靚湯，並有滋補、明目、寧神、驅風祛濕、壯陽強身等效能，每週更換一次。每款靚湯的電話號碼都不同。收費為每分鐘 2 元。

財經行情：提供各國外幣匯率及利息、黃金及各款金幣的價格，以及恒生指數等資訊。資訊由恒生銀行提供，每 15 分鐘更新一次。每項資訊都有相應的電話號碼，收費為每分鐘 2 元。

天氣預告：預測本港三天內的天氣，亦提供中國內地、東南亞、北美洲、西歐與澳洲主要城市的天氣報告。每個地區都有相應的電話號碼。透過查詢天氣，幫助用戶更好地安排旅遊或工作行程。資訊由天文台直接提供，收費為每分鐘 4 元。

醫療保健：此項資訊主題最多、最複雜，電話號碼亦很多，不能盡列，分類大致為小孩保健（小孩常出現的問題，包括肚痛、肚痾、出水豆、嘔吐、發燒、抽筋、痲疹等）、婦女保健（月經、經痛、避孕、子宮癌及其他婦科疾病）、老年保健（高血壓、糖尿病、老人癡呆症、中風、柏金遜病、關節炎、痛風、白內障、青光眼），另外還有關於矯形手術、灼傷、暗瘡、隆胸、疝氣、抽脂等資訊。資訊由香港醫學會審核及認可。每個分類項目須撥打不同的電話號碼來查詢，收費為每分鐘 2 元。

1｜天氣預告
2｜地產行情
3｜靚湯集
4｜財經行情
5｜電話問前程
6｜移民資訊
7｜醫療保健
8｜辦理證件手續簡介
9｜牙齒保健

牙齒保健：提供牙齒保健方法，解釋各種牙齒疾病的成因、病徵及預防方法，以及認識牙周病、爛牙、口氣、補牙、剝牙、流牙血、智慧齒、鑲牙、裝假牙等知識。資訊由香港牙醫學會審核及認可。每項資訊都有相應的電話號碼，收費為每分鐘 2 元。

辦理證件手續簡介：提供申辦或補發護照、駕駛執照相關（包括國際駕駛執照、汽車轉讓、續牌、棄置車輛、驗車手續）、出生證明、身份證、婚姻註冊、離婚手續、商業登記牌照等事項的資訊。收費為每分鐘 2 元。

移民資訊：提供申請移民到美國、加拿大、紐西蘭、澳洲等地方的簡介、手續、移民類別及計分方法。若擁有工程、機械、特別器材操作、醫療、數學、通訊、科學、衛生及電力有關學歷認可證書，得分最高。收費為每分鐘 4 元。

資訊聆 173

「資訊聆 173」（INFOLINE 173）是由一間獨立資訊機構提供，再經香港電訊透過電話，將資訊傳送到用戶的一種收費服務。收費為每六秒鐘由 2 毫、4 毫、6 毫、8 毫至 1 元不等，視乎用戶所選擇資訊的類別而定，而所有收費將詳細列於電話通話費單上，一目了然。國際長途電話用戶均可通過「資訊聆 173」收聽不同資訊，內容包括有：外匯、金價、利率；生肖運程及風水；賽馬貼士；湯水食譜；兒童故事；娛樂資訊；遊戲熱線；航班資訊等等。

特備功能電話服務

1980 年代開始，電話技術發展進入電子時代，改用電子接駁技術來接收訊號，由「脈衝訊號」轉為「音頻訊號」。音頻訊號傳輸時間短而準確，而且可利用按鍵上的「*」鍵及「#」鍵，操作出八種功能，提高通訊效率，稱為「特備功能電話服務」（Starline Services）。用戶可選單項或多項服務，每樣服務按項收費。當年用戶申請此服務後，會收到一本使用說明小冊子。以下是八種功能的簡介：

1. 簡易撥號（Abbreviated dialling）：可儲存十個常用電話號碼；打電話時只須按動兩位數字代號（用戶預先設定），便可接通電話，省時快捷。

2. 附加簡易撥號（Additional abbreviated dialling）：額外再儲存十個常用電話號碼。

3. 提示電話（Appointment service）：這是電話鬧鐘功能，透過按鍵設定響鬧時間，以便提示用戶重要事項。鈴聲長達 70 秒，只要提起聽筒，響鬧聲即停止。

4. 電話轉駁（Call forwarding）：用戶可將電話轉駁至另一個本地電話號碼，而來電者不會察覺電話被轉駁至另一電話。用戶可隨時更改電話號碼或取消轉駁。

5. 電話待接（Call waiting）：用戶在通話時，若有第三者來電，便會聽到一個特別提醒訊號，此時用戶可請對方稍候，再去接第三者的電話，結束後再回到原來的通話。

6. 電話會議（Conference calling）：這個功能可讓用戶於同一時間內，與另外兩個人透過電話舉行會議。

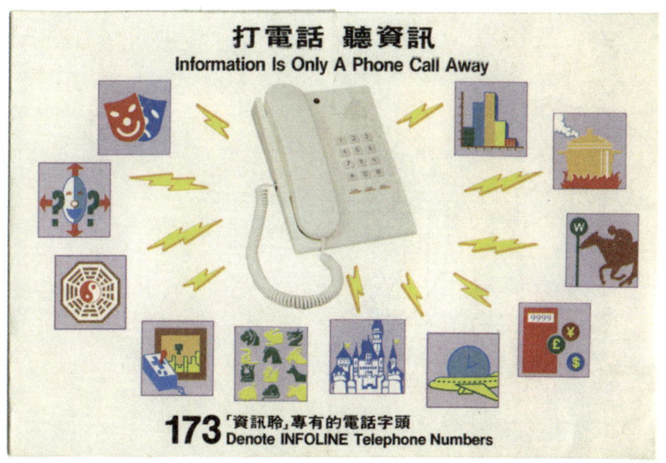

資訊聆 173 宣傳單張

7. 請勿干擾（Do not disturb）：當用戶設定「請勿干擾」功能後，可避免電話響聲騷擾；來電者會聽到電話不接通的訊號。與此同時，用戶仍可如常撥打電話。

8. 防擅用國際電話功能（IDD Security）：可避免因未經許可而擅自撥打國際長途電話所帶來的不必要收費。與此同時，用戶仍可如常撥打本地電話。

家居傳真 2 服務

1978 年，電話公司推出「家居傳真 2」服務，即在一條電話線上，可同時安裝傳真機及電話機，把商業業務一併帶入家居。將現有電話線配搭傳真機號碼，既不需要再鋪線入屋，接上傳真機便可即時使用。而且，當有文件傳來，傳真機會自動分辨和接收，電話機不受影響，因此不會發出聲響。

特備功能電話服務使用說明書

另類電話服務

清潔電話的女工

1950 年代，茶樓酒館、士多雜貨店等很容易借到電話。然而，這種情況亦衍生出衛生問題。試想想，每一部電話，每天有多少人使用過？使用電話時，最怕是上一個使用者有口氣問題，或滿口煙味，加上高談闊論時口水飛濺是常見現象，噴到聽筒講咪蓋上（因此當時俗稱「口水兜」），惡臭久久不散。這時候，提供電話清潔服務的公司應運而生。

這些提供收費服務的公司，業務與電話公司無關。當年上門清潔電話的都是十多歲的女孩，穿著紅色、黃色或藍色的制服。工作時間是朝九晚六，是分區制，每天要跑十多處。

1958 年 4 月 17 日的《華僑日報》就有報道介紹：「你如想電話保持清潔，就得僱用她們替你服務了。她們幹著清潔電話的工作，每天上上落落的要跑幾條街道，工作相當辛苦。」[14]

1950 年代「口水兜」電話聽筒

她們背著一個裝有盒子的小袋，盒子裡有鉗子、火酒等工具。清潔電話時，她們熟練地用鉗子夾起一塊沾上火酒的棉花，從電話聽筒講咪蓋開始清潔，然後放一片噴有花露水的紙片在講咪上，再取出一塊蠟水布擦亮電話機身。整個過程不會超過兩分鐘，清潔完畢後客人須蓋章作實。每部電話每週清潔一次，收費為 2 元，第二部起每部收 1 元 5 角。據了解這些女孩的月薪約 150 元，需要舖保及繳交 400 元按金。當年某些工作，例如收銀、珠寶金行，銀行、警衛、大洋行等行業，僱主需要舖保或繳交按金，保障員工。

當年放在講咪上的香味紙片經常蓋過講咪的小孔，影響說話清晰度，通話時對方常表示聽得不清楚，好像隔住了一張紙般含糊不清，因此常常收到投訴。後來改放一些除臭的類似蠟膏的物體。

代客換領電話簿服務

第一章介紹電話簿時，提到電話用戶須按電話公司指示更換電話簿。用戶應將舊電話簿最後一頁的換領證剪下來，到指定換領站領取。電話簿除了分為港島（包括離島）、九龍及新界區三款，還要有中英文兩個版本，後期更加上黃頁。住宅用戶一般存有一本就足夠，但商業寫字樓通常都需要整套電話簿，那麼庶務員工就相當辛苦了，不出動推車的話根本拿不動。這時候，「代客換領電話簿」服務便出現了。

這些提供服務的人並非電話公司的員工。他們通常會推著手推鐵車，沿途兜售，每本電話簿 10 元，一換一，如果只買不換則 20 元。看似有點貴，畢竟用戶本來是可以免費換領新電話簿的，但考慮到可以節省人力和時間，很多都樂意交易。回收舊電話簿後，剪去換領證可到換領站換取新電話簿，餘下的舊電話簿集齊推去廢紙場回收，可以說是利潤雙收。

1971 年 8 月 9 日，電話公司在報章中表明聲稱可上門代客更換電話簿的團體，並無得到電話公司受權。更換電話簿是免費的，收取費用亦非公司所定，只屬私人代換服務費，一切與電話公司無關。[15]

先看以下的例子：

例一：鈴鈴——

接線生：喂，你好！

客人：唔該，想搵李先生。

接線生：請問係邊間公司嘅李先生？

客人：大生公司。

接線生：李先生出外工作，需要留低口訊定電話？佢返嚟我通知佢……

例二：鈴鈴——

接線生：喂，你好！

用戶：我係大生公司嘅李先生，請問有冇人搵過我？

接線生：有，中南公司嘅馬先生……

1966 年 2 月 1 日的《華僑日報》報道，當年有一種新興行業「電話服務」，是為一般商務繁忙而人手較少的公司接聽電話，不必擔心因外出工作而錯失生意。[16] 以上的例子便是使用電話服務的情形。

電話服務公司聘請了數名職員負責接聽電話，記錄來電者的電話或口訊。待用戶回電查詢，接線生會轉告所記錄的內容。除提供電話服務外，還有代收信件服務。當年最常採用此服務的是電影公司，把影迷的信件全都寄到電話服務公司去，一來可保護明星私隱，二來避免受到騷擾。據上述報道，電話服務公司的設立於當時美國是極為流行的，他們甚至是 24 小時提供服務，代客服務的事情也很多，甚至可以按時去電提醒用戶起床。

這種行業一直沿用至今天，業務形式變得更現代化，提供一條龍辦公服務：可租用一間私人房間作辦公室，有內線電話和網線；亦有秘書服務，可代接聽電話及收傳真和信件；又可租用會客室或會議室，室內一切設備齊全，有投射機、無線咪、影印機等等，你只須帶上一部個人手提電腦便已足夠。

電話公司員工權益與福利

職工會

「香港電話公司港九華員職工會」(以下簡稱職工會),於 1946 年 5 月 11 日成立,當年職工會地址是在灣仔駱克道 146 號,後來再搬到油麻地廟街 22 號,現已改建成另一幢唐樓。戰後,各行各業的工人都紛紛組織職工會。職工會成立的主要目的是集結勞工的力量,保護勞工的權益,包括工資、工作條件和福利等,爭取更好的待遇和工作環境。在 1952 年 5 月 11 日當日,是職工會成立六週年紀念日,《華僑日報》便有記載,當日職工會舉行盛大慶典,亦召開了會員大會,商討改進會務問題。各工友均熱烈發言,表達各項意見,最後通過的就包括「對工友福利要盡量發展建設,以解決工友本身利益為合;改善本會財政設施,理事會不得任意支銷,一律要依照會章之規則而行,例如本會財務總收入要存入銀行保管,只撥出不得多過 500 元作大會零碎支銷;要辦純正工人公餘消遣娛樂場所」[17] 等等。

後來,職工會有部分會員另籌組新會,名為「電話自由工會」,在 1953 年 4 月 3 日正式成立,並在灣仔英京酒家舉行就職典禮,門外懸掛幾丈高大花牌,大書「港九電話自由工會成立暨首屆理監事就職典禮大會」。會址在灣仔太和街,據報有 200 多人由原來的職工會轉會。[18] 這類工會屬工友自發成立,在外邊合租一層樓宇作為會所,經費主要來自每月向會員收取的會費。然而,資金並不足以支付全部開支,因此工會後來經常舉辦特別優惠活動,例如每逢節日可以較低的價格購買應節食品,如粽子、月餅和賀年糖果等等,又舉辦廉價宴會和活動,如春茗、蛇宴、內地旅遊團,以增加經費來支持其運營。這些活動都很受歡迎。

不少員工下班後會在會所裡打麻雀或啤牌,會所也有提供收費的小菜,以及賽馬和足球節目轉播。因為此工會最初只是提供地方消遣,不涉及政治成分,所以未生事端,時間久了,多了一些閒雜人等進出會所,把整個會所變成麻雀館、天九、番攤賭博場所，好幾次因噪音被人投訴，警察找上門。更有會員在工會內張貼政治標語及相片。鑒於電話公司覺得此工會有政治背景，所以一直不承認它是合法團體，不承認它的代表性，無談判權，但也沒法阻止職員參加工會。

公共事務

電話公司對履行社會責任方面不遺餘力，並鼓勵員工參與各種活動，例如足球比賽、慈善步行，龍舟比賽及山頂抬轎等等。就以足球名列甲組多年，並有佳績。

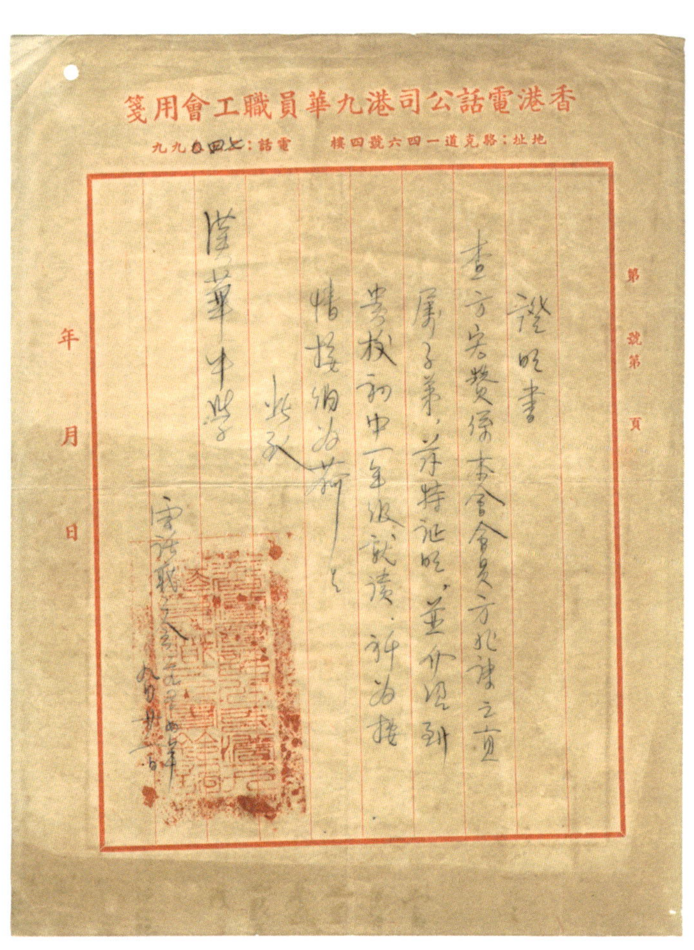

香港電話公司港九華員職工會用箋

地址：駱克道一四一六號四樓

證明書

查方宏發係本會會員方兆謙之直屬子弟，茲特証明，並介紹到貴校初中一年級就讀，祈為接洽接納為荷

此致

漢華中學

第　號第　頁

年　月　日

香港電話公司港九華員職工會用箋

相信很少人知道電話公司擁有自己的足球隊，而且曾經取得過不錯的成績。然而，這始終是一支業餘球隊，缺乏專業的指導及長期的訓練，因此戰績起伏不定。最初的「組隊」，只是幾個喜歡踢足球的員工在公餘自發組隊租場踢，有時還會約其他球隊進行比賽，當時甚至連隊名和制服都沒有。據前輩口述，某次香港足球總會（現稱中國香港足球總會）舉辦公開比賽，有員工向電話公司表示希望組隊，並用「電話」名義參賽，結果電話公司同意了，並贊助球衣，從此便獲得批准定期訓練。當年的其他機構亦有組織足球隊，例如消防、九巴、陸軍和警察等。

至於電話公司足球隊在何時成立，資料不詳，筆者翻查資料，最先在 1955 年 3 月 19 日的《華僑日報》報章中看到當時電話球隊被編排在乙組，往後都在乙、丙組之間升升降降。反觀其他公共機構的球隊，例如電車、巴士、警察的球隊，早已處於甲組。直到 1966 年 6 月 13 日，電話球隊終於在丙組賽中取得六場全勝，成功晉升到甲組，戰績大有進步。1971 年，電話球隊部分球員替換成年輕球員，五名是職業選手，十名為非職業選手。由於隊伍中有一定的變動，球員之間欠缺默契，影響士氣，終在 1976 年降到乙組，1977 年更降至丙組。2017 至 2018 年球季，電話球隊只踢工商盃比賽，漸漸淡出足球界。

除了組隊參加足球比賽，電話公司亦參加慶祝節日或文化活動。1967 年 11 月 6 日，香港工商總會舉辦一個為期七日的活動，名為「香港週」，以香港製造為主題，其間多個行業積極響應參與，有時裝、舞蹈、舞獅、舞龍表演。最後一天的壓軸活動是花車巡遊，電話公司亦有派花車助興。另一次派花車參與的是在 1969 年 12 月 9 日至 15 日的「香港節」。

員工福利活動

電話公司曾組織一個活動小組，稱為「Sport Complex」，平時於荔枝角機樓及駱克道機樓飯堂活動，又舉辦遊船河、郊遊、燒烤等活動，會費每月 1 元。對外曾經組隊參加大型戶外競技項目，如扒龍舟、足球、保齡球等，但最後不知甚麼原因解散了。另有一個叫做「電話職工儲蓄互助社」（Credit Union，現稱電訊盈科儲蓄互助社）的組織，它並不是隸屬電話公司的，但只接受電話公司的員工加入，退休或離職後仍可繼續參加社內的活動。同時，社員可享用由互助社提供的儲蓄、借貸和保險等服務，並可參與互助社主辦的各類活動。直至今天，它只是一個儲蓄小組而已。

1969 年「香港節」，電話公司參加花車巡遊。(圖片來源：作者藏品)

IRCUIT IS DERIVED FROM THAT OF THE STANDARD
ONE NO.20 MARK 1 OR 2 BY THE FOLLOWING CHANGES:-

T4-T5, T5-T6, T8-T9.

HERMISTOR ACROSS T4 & T5.

CALL MAIN AND ADDITIONAL

第5章

近代通訊發展技術

① 光纖通訊電纜

早期的電話系統主要依賴銅線進行語音傳輸，1970 年代開始進行光纖技術的實驗和研究，其後發展出光纖電纜，標誌著信息傳輸的重大進步。「光纖」正式名稱是「光學纖維」(Optical fiber)，這個徹底改變人類的通訊模式的技術，就是華裔物理學家、光纖通訊及電機工程專家高錕教授所發明的，他更因此而被譽為「光纖之父」，以及獲得 2009 年諾貝爾物理學獎。高錕教授在上海出生，1949 年隨家人移居香港，入讀聖若瑟書院，後負笈英國，先後取得倫敦大學電機工程理學士學位和哲學博士學位。完成學士學位後，他在國際電話電報公司（ITT）設於英國的標準電話電報（Standard Telephones and Cables）公司工作，鑽研玻璃纖維通訊運用。

1966 年，高錕教授發表一篇有關光纖的論文《光頻率介質纖維表面波導》（"Dielectric-fibre surface waveguides for optical frequencies"），提出若玻璃纖維的衰減率（Attenuation）可降至每公里 20 分貝或以下，長距離光學通訊便能實現（當年傳送光訊號的障礙是不能長程傳輸），並同時指出玻璃纖維的高衰減率，是由透光率不足導致，否定了物理學家一直認為玻璃纖維是因散射而導致無法長距通訊的理論框架。他更認為由高純度的二氧化矽所製造的玻璃纖維，能令衰減率降至低於每公里 20 分貝。他的理論開創了光纖網路的新一頁，但初期並無受到重視。最初製造的玻璃絲含雜質，效果不理想，但高錕沒有放棄，繼續研究。他曾走遍多間玻璃廠要求合作，但他們表現得不太熱衷。憑著他的毅力和堅持，終於在發表論文四年後的 1970 年，美國康寧（Corning）公司表示有興趣，並成功研製出一條無雜質的玻璃絲，直徑比人類的頭髮略粗；它的衰減率是 20dB/Km，即每傳輸一公里，訊號才衰減 20%。兩年後，康寧更研製出一條以二氧化鍺為摻合物的玻璃纖維，衰減率只有 4dB/Km。

高錕於 1970 年受邀創立香港中文大學電子學系（今電子工程學系），並擔任系教授兼系主任。四年後，他重返 ITT 公司，及後於 1987 至 1996

年期間擔任中大校長一職。退休後成立了位於薄扶林的國際學校弘立書院。2009 年，高錕獲頒諾貝爾物理學獎，以表揚其對光纖通訊的貢獻。

以光纖傳輸訊號之原理

簡單來說，以光纖作通訊之用一般須經過下列幾個步驟：

（一）以發射器（Transmitter）將電訊號轉換成光訊號，產生激光；

（二）以光纖傳輸光訊號；

（三）以接收器（Receiver）接收光訊號，經處理器轉換成電訊號。

電訊號是以二進制的形式傳輸的，即 1 與 0，1 代表有電源，0 代表無電源，在導線中傳送；光訊號在光纖中閃動傳送，有光或強光代表 1，光熄滅或暗光代表 0。首先，我們以發射器把電訊號轉換成光訊號，透過光纖將光訊號傳送；抵達另一端後，再以光訊號接收器讀取訊號，經處理器轉化為電訊號，亦即是電訊號中的 1 與 0。

那麼光訊號是如何在光纖中傳送的呢？舉一簡單例子，我們利用一條很長的膠水管，管內充滿水，並在水管一端用電筒照射，這時在另一端的人能夠看到光；如果我們不停開關電筒，水管另一邊的光也會跟著閃動，就算水管不是呈一條直線，但由於光在水管內因反射現象而傳輸到水管的另一端去。如果將光源置在光纖上，效果都會一樣。

下圖簡單呈現光源在光纖中的傳輸方式。在雷射器產生光束 1（激光），

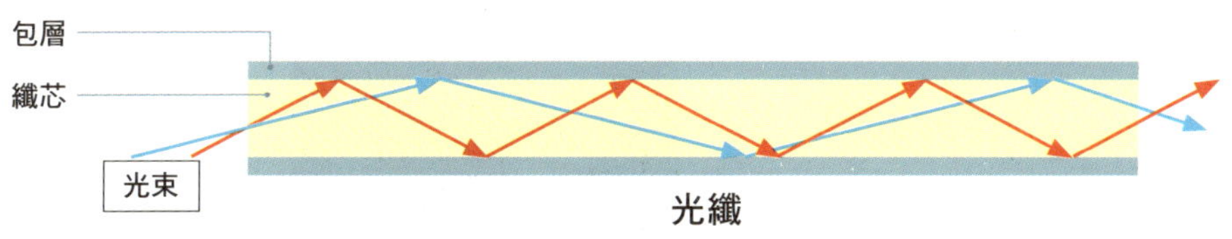

不同光束在光纖中的傳輸方式

註：圖中角度並不準確，只作舉例解釋。

以某角度射向光纖「纖芯」。當光束企圖從折射率較高的介質（光密介質）進入折射率較低的介質（光疏介質）時，如果入射角度又達到某一角度（超過臨界角），光束便會發生全內反射（Total Internal Reflection），返回並碰到「包層」的另一面，並再次基於全內反射現象而被困在高折射率介質內，以 N 字形向前移動，使光訊號能夠沿著光纖長距離傳輸，最終抵達接收端，到達終點後經過接收器再轉換為電訊號輸出。

若我們再產生光束 2，以另一角度射入「纖芯」，若入射角度同樣超過臨界角，便會同樣不斷全內反射和向前移動。但由於兩段光束是以不同角度前行，所以不會相交影響，而且激光並不是電流，所以在過程中損耗甚少，只要在某段設一中繼器（放大器），將光訊號加大，便可連綿不斷傳送至遠方。

光纖電纜的構造和種類

1981 年，香港便已開始鋪設光纖電纜，是世界上其中一個最早鋪設光纖電纜的地區。光纖電纜的構造主要由以下幾個部分組成：

（一）纖芯／核心（Core）：由透明玻璃或塑料製成，用於傳輸光訊號；

光纖電纜的構造

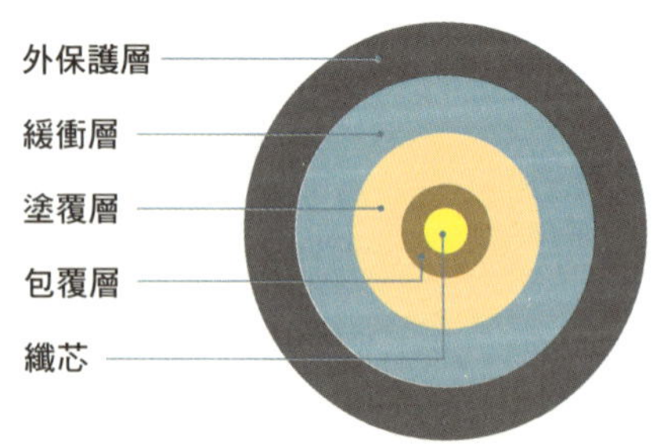

1992 年電話公司發行的一款光纖電纜電話卡

（二）包覆層（Cladding）：反射光線回到核心，防止光訊號衰減；

（三）塗覆層（Coating）：一種保護層；

（四）緩衝層（Buffer coating）：提供物理保護；

（五）外保護層（Outer jacket）：保護電纜免受外界環境影響，如防止水分和化學物質侵入。

可見光纖電纜由多層材料組成，這些材料各自具備不同的功能，以確保光訊號有效地傳輸和受保護。光纖電纜根據不同的發光源可分為兩大類：

（一）單模光纖（Single mode fiber）：纖芯直徑較小，一般為 9 微米，線粗 125 微米；

（二）多模光纖（Multi mode fiber），纖芯直徑較大，一般為 50 及 62.5 微米，線粗 125 微米。

單模光纖使用鐳射（即激光）作為光源，光束能量集中、精準，防止光訊號衰減。其次，由於纖芯直徑較小，僅允許同時傳輸一種光訊號，使得光訊號在核心內以直線的方式傳播，支持更長的傳輸距離，因此廣泛應用於長距離通信系統，例如電訊網絡和國際通信等等。而多模光纖以發光二極體（LED）作為光源，這會導致光信號更加分散，加上纖芯直徑較大，可同時傳輸多種光訊號。然而，缺點是訊號在長距離傳輸中容易衰減，因此常應用於區域網絡（如企業公司）、數據中心等等。

一條多模光纖電纜中，通常會有多條光纖線，每條都有「塗覆層」保護，塗覆層的顏色是根據國際電訊色碼規定，有藍、黃、綠、紅、紫、白、啡、黑、淺藍、橙、粉紅、灰等顏色。

光纖與一般銅線或同軸電纜之分別

我們常見到的銅線，用於傳送訊號，這些訊號涵蓋數據、控制訊號、聲音及影像，可因應不同環境，採用不同訊號線。例如電腦與電腦之間的網路線（乙太網線、廣域網路線）等數據通訊和網絡連接。其他溝通及操控方面有電話線、感應器線路、控制器線路。應用時，可以用一條或組成多條導線，在同一時間輸送訊號至接收器。導線物料亦會影響傳送資訊的穩定性和準確性。另外一種同軸線，多數用於「區域網路」系統連接，例如電視訊號、有線監控電視系統、衛星傳遞及系統等。同軸電纜頻寬較高，能避免雜訊干擾。以上兩種電線的傳送方式需要導線及電源，輸送遠距離便會有損耗，中途要不斷加中繼器，將訊息加強。

光纖相較於銅線具有更細的直徑和更長的傳輸距離，加上優勢在於其能夠在同一條光纖上以不同波長的光波同時傳輸訊號，頻寬（Bandwidth）是銅線的萬倍以上，速度和容量倍增，因此光纖海底電纜逐漸取代海底電纜，以前鋪設的電纜轉作為後備之用。

下圖上方是剖開了的光纖電纜，下方則是銅線電纜。這條光纖電纜有 12 根光纖線，而銅線電纜雖然有 400 根銅線，但每根銅線的頻寬不及光纖，且在長距離傳輸中，訊號會受到衰減和干擾，因此銅線的傳輸速度和效能不及光纖。

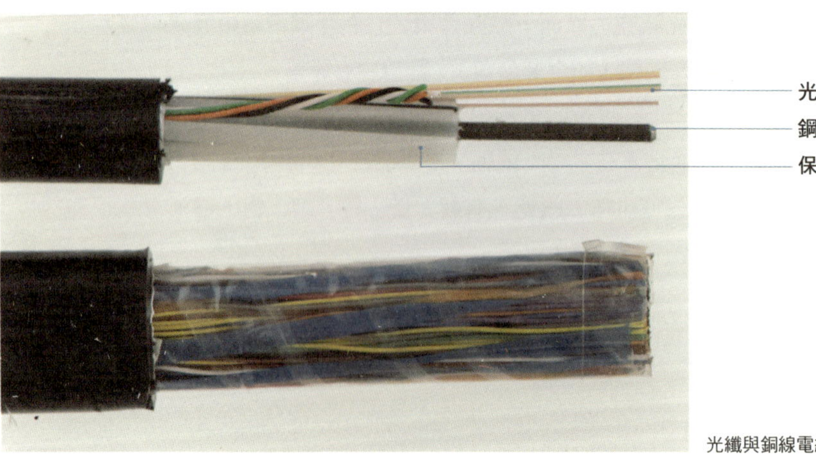

光纖與銅線電纜內裡構造

下表是光纖與銅線及同軸線之比較：

光纖	銅線及同軸線
由於光纖是利用光訊號的全內反射原理進行傳輸，所以訊號衰減少，而且不用太多中繼器來放大訊號。	電訊號會隨著距離的增加而衰減，為了保持通訊的質量和穩定性，須不斷增加中繼器，以接收衰減的信號並放大它。
光纖導體是玻璃或纖維線，在傳輸光訊號時不會產生電磁波，保密性強。	會受外來電磁波干擾，影響訊號準確性，訊息容易被讀取。
傳輸頻寬大，傳輸容量大，速度快，可以同時傳送很多資料。	傳輸頻寬小，可傳輸的資料量較少。
光纖利用光訊號進行傳輸，不需電源，更加節能環保。通常在首次安裝後，不需要頻繁維護或定期更換。	訊號傳輸須消耗電力，不環保，而且電纜需要定期檢查、維修保養。
不受天氣、潮濕、溫度變化影響。	潮濕、極端溫度、金屬氧化都會影響訊息傳輸準確性。

② 傳呼機

1970 年代以前外出工作時，常常需要主動打電話查詢是否有訊息或留言，這樣的方式不僅繁瑣，還容易錯過緊急訊息。直到一款嶄新的通訊工具「傳呼機」(Pager) 面世，使通訊方式變得更加靈活和高效能。

傳呼機曾經是香港最普遍的通訊工具，俗稱為「BB 機」或「Call 機」，是一種便攜式無線電通訊設備，主要用於接收短訊息或呼叫，在 1970 至 1990 年代廣泛使用。第一款於香港面世的傳呼機是 1970 年代由摩托羅拉 (Motorola) 生產的「Pageboy I」，因其長條形設計俗稱「長炮」。當傳呼機收到傳呼中心（即 Call 台）發出的訊號，便會振動和發出「嗶嗶」聲響，此時可把機頂上的開關掣推動至「Off」方向，聲響便會停止。傳呼服務使用兩種不同的聲音頻率來區分訊息類型：公司訊息和私人訊息，讓用戶可以快速辨識訊息的來源。

早期的傳呼機是單向傳送的，即僅能接收訊息，無法發送回覆。用戶在開台時，Call 台會給機主一個傳呼機號碼，而機主要提供自定稱號及密碼，用於核實身份。那麼傳呼實際上是如何操作的呢？假設有朋友找你，他要先打電話到 Call 台，告訴傳呼員你的傳呼機號碼和留下的口訊；稍後你的傳呼機響起，你便知道有人找你，然後你需要致電 Call 台，並報上稱號及密碼，傳呼員便會轉述相關留言。

用戶亦可致電 Call 台留下如「機主外遊，五月返港」等指示訊息，那麼 Call 台便會轉告來電者，直至機主再次致電 Call 台查詢，聽取來電記錄。

數字機

1980 年代中，受助於電子科技高速發展，各產品公司相繼推出液晶顯示的傳呼機，傳呼機發展至可以顯示數字的「數字機」。1986 年，摩托羅拉公司推出了能顯示數字的「八達型」（Bravo）傳呼機，後來成為全世界最流行的數字傳呼機。

傳呼公司制定了一些通用數字代號，以表示簡單文字訊息，並編成小冊子，方便用戶查閱，不用「覆台」查詢來電者是誰和訊息內容（當然，如傳呼內容較為複雜，無法用簡單的數字代號表示時，用戶還是需要透過「覆台」來獲取完整的訊息內容），甚至可自創「密碼」留言。小冊子分為姓氏、名字、地區、位置、訊息等類別，機主收到訊息（通常顯示一組數字）後，可對照小冊子的文字，得悉簡單的訊息。例如，「004-300-567-647」的意思是「陳先生太古廣場去唔去」，即陳先生問機主去不去太古廣場。

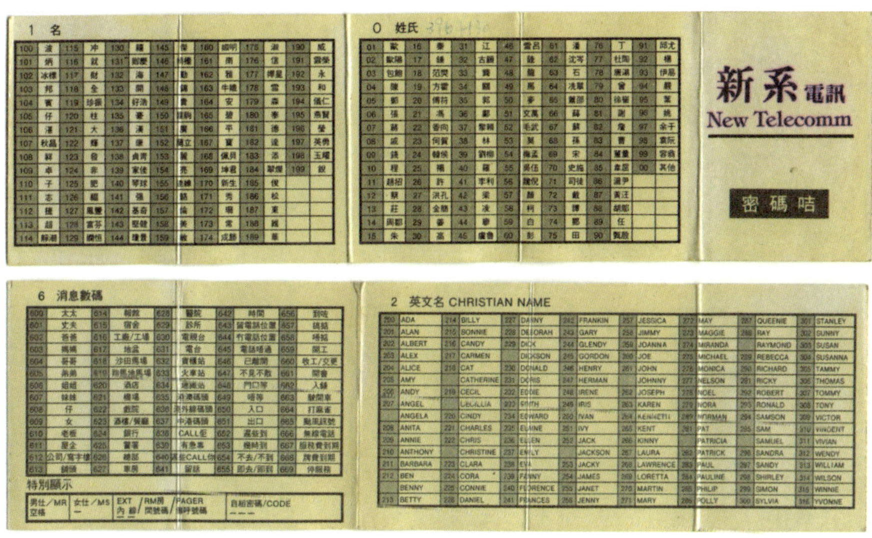

上｜可從小冊中查閱數字代表的訊息

下｜摩托羅拉推出的能顯示數字的傳呼機 Bravo Plus

到了 1990 年代，已發展至可以顯示中文字及英文字的傳呼機，使溝通變得更無阻。當年可算是傳呼機的黃金年代，差不多每人都有一部在身，傳呼公司如雨後春筍多達十多間，包括：通用傳訊（Tele-paging，萬眾電話（中國移動香港）前身）、和記傳訊（Hutchison Paging）、潤訊傳呼（China Motion Telecom）、其士傳呼、中港通傳呼（CM Concept）、電訊數碼（Telecom Digital）、匯訊通訊（Realink）、快捷（Radio Pager）、香港電訊（CSL）、星光傳呼（Star Pager）、必備通訊、ABC 佳訊、太平洋專訊、新世界傳呼、亞洲傳訊、易寶傳訊、天外天傳訊、新時代傳訊等等，因此創造了大量傳呼員職位，入職要求只是要懂得講廣東話及會中文打字。

由於傳呼公司競爭相當激烈，於是邀請當紅明星拍廣告宣傳。當時四大天王（黎明、劉德華、張學友和郭富城）偶像熱潮席捲全港，影響力非凡，他們為各大傳呼公司拍攝廣告（黎明替和記傳訊、劉德華替電訊傳呼、張學友替潤訊傳呼、郭富城替香港電訊），這不僅提升了品牌形象，也成為銷量上升的重要催化劑，令到大批歌迷、影迷、各階層人士，甚至學生，都爭相以擁有同一款傳呼機。此外，傳呼公司為了爭取更多客戶，各自推出很多的資訊增值服務，例如查詢天氣、體育、新聞、交通消息、賽馬結果、股票報價、樓盤等資訊。

摩托羅拉推出的文字傳呼機 Advisor

可查詢賽馬、派彩結果、金價和股市行情的傳呼機

下列圖表可清楚看到，各傳呼機的製造商、生產年份、型號和特色等資訊，並不斷改善加入特別功能。

	品牌	活躍年份	特色 / 說明	型號 / 商業稱號（參考）
第一代傳呼機（俗稱 BB 機）	Matsushita / National	1970 年代	外形類似「長炮」；塑膠材料為主。	EK-2061
	NEC	1971 1979	全模擬線路設計 啡色薄纖外形	PR-150B4-2A PT-40V2-3A
	Motorola	1970 年代初	外觀類似收音機；音量調校掣在頂部。	Page Boy
		1970 年代中	金屬外殼、塑料邊框；獨特修長外形；外號「長炮」。	Page Boy II
數字傳呼機	Matsushita / National	1986 年推出	顯示屏在機頂部；可顯示 12 位數字；七劃管 。	EK-2084
	Motorola	1980 年代	可顯示 12 位數字；是全球最暢銷的數字機。	Bravo 系列
	NEC	1980 年代	顯示屏在機頂部；可顯示 12 位數字；七劃管。	R3N4-5E/R4N4-5H
中文傳呼機	Matsushita / Panasonic	約 1992	可顯示三行中文字；曾於電影《逃學威龍》中出現。 可顯示更多圖示（Icon）	EK 2099H (國際通) EP-3A2 EP-4J2
	NEC	1990 年代初	可顯示三行中文字	R3A4-11A/R4A4-11C R3A4-7B (英文)
	Motorola	1990 年代初	Advisor：香港市場稱為「八面通」 LX：外形設計相對流線型；體積小巧。	Advisor LX2 / LX16 /Advisor LX4 / LX32 / Advisor

今天的傳呼機

傳呼機自 1970 年代面世以來，往後二三十年間發展迅速，1994 年的用戶數字接近 138 萬，踏入「全盛時期」。1990 年代末，無線電話價格下降，越來越普遍，可以直接通話和傳送文字訊息，成為傳呼機的最大競爭對手。傳呼機業務迅速下滑，用戶數字急速下降大約 33 萬戶。今天，傳呼機的使用情況相對於過去已大幅減少，根據通訊事務管理局辦公室的資料顯示，截至 2024 年 10 月，本港只餘約 1,700 名使用者，[1] 而現時本港只有一間公共無線電傳呼服務營辦商（電訊數碼信息有限公司）持有傳呼服務牌照，牌照於 2021 年 7 月 1 日發出。筆者相信營辦商約滿後續辦機會不大。傳呼服務可以說是淡出了香港電訊服務業的舞台了。

然而，傳呼機並沒有成為歷史文物，其實它是以另一種形態為我們服務，其中一個便是「取餐叫號系統」。相信大家都曾到過一些大型餐飲廣場（Food court），廣場內聚集了各種食店攤檔，以及共用的用餐區。當我們點餐後，會得到一個類似傳呼機的接收器，當食物準備好時，接收器會振動及閃爍，此時便可到取餐區取餐。近年這類叫號接收器已「買少見少」，有些餐飲廣場已採用電視屏幕顯示訂餐號碼。另一個例子，在電影或電視劇集中，不時會有醫生急忙從白袍中取出傳呼機看訊息後匆匆離開的情節，這就是傳呼機的另一個生存空間。有人會問，手提電話那麼方便，為何醫院還要用傳呼機呼叫醫生？原因是手提電話可能會干擾醫療器材，而且醫院某些室內位置和「死角」不一定能接收手提電話訊號。因此，傳呼機在醫療行業仍然是一個重要的通訊工具，特別是在需要快速反應的情況下。不過，醫管局近年已淘汰傳呼機，逐步改用手提電話通訊程式召喚醫生。看來傳呼機成為歷史文物也是近在眼前的事情。

流動無線電話

1980 年代，香港正值高速發展階段，市民生活質素大大提升，單向通訊的傳呼機自然未能滿足日理萬機的香港人需求。隨著技術的進步，從傳呼機轉向更加先進的流動電話和數碼通訊技術，提升了通訊的效率和便利性。

第一代流動無線電話

1984 年，香港電話公司的全資附屬公司 Communication Services Limited（CSL）採用 NEC 高級流動電話系統（NAMTS），推出首個公共流動無線電話服務。同年和記電話亦獲發牌照經營 AMPS 蜂巢式流動無線電話網絡。[2] 最早這款以蜂巢式發射站網路與手機之間進行通訊的電話網路，被稱為「第一代」行動通訊（1G），只能進行語音通訊，收訊不穩定，且保密性不足，無線頻寬利用不充分。這款無線流動電話類似於簡單的無線電電台，通話時設定在一定頻率，所以使用可調頻電台，就可以竊聽通話。這個時候，語音傳播是類比的，只能傳輸語音流量。受當時的電池容量、類比調變技術需要龐大的天線及積體電路的發展狀況等限制，這款電話只能算是「可以移動」，只能安裝在汽車或輪船上，仍無法達到「隨身攜帶」的階段；耗電大，要配合汽車電池使用。

由於第一代的流動無線電話都不是數碼電話，有多種不同制式，而每種制式的電話都互不兼容，所以那個年代要轉網絡供應商的話，便要買新電話了。這款電話另有一個缺點，就是接收訊號的清晰度和可靠性都容易受周邊環境影響，例如發電機（摩打）。以當時技術所限，電話體積和重量都非常重，所以有「磚頭」去形容。除了外形笨重之外，這些流動電話價值不菲，而且通話費也極度昂貴，並不是一般市民能負擔的用品，當時也只有一些高收入人士，或分秒必爭的行業例如金融或地產經銷人員，才會使用如此昂貴的產品及服務，所以一機在手，就是凸顯身份的象徵。筆者當年有一次到中環的一間茶樓吃午飯，當時有一枱客，大約有十個人，個個穿著西裝，相信都是從事股票經紀，一起吃飯；枱上擺滿磚頭電話，排場令筆者印象深刻，也惹來旁人議論紛紛。

當年曾有一間糧油商行，想到一噱頭，推出一款流動電話外形的學童水壺，作為購買食油的贈品。從那時開始，這款笨重的流動電話便被冠以「水壺」的稱號。其實這款電話還有一個稱號，就是大家熟悉的「大哥大」。「大哥大」的來源，坊間一直有多種傳說，其中較為流行的一種說法是影星「大哥大」洪金寶是業內第一位使用流動電話的藝人，於是大家便把他的尊稱與磚頭流動電話聯繫在一起。

第二代流動無線電話

1992 年，當香港傳呼機用戶突破 100 萬之際，各大電訊商都磨拳擦掌，意圖在個人通訊市場中分一杯羹。這個時候雖然流動電話於香港面世已經有七八年，但是電話費仍未降至大部分市民都能負擔的價格。同年 2 月，和記傳訊推出第二代無線電話服務（Cordless telephone 2nd generation, CT2），稱為「天地線」，其設計為只能撥出電話，不能接聽，使用者要在 CT2 基站周邊數百米範圍內使用；產品成本和月費較便宜，讓更多客戶能夠負擔得起。後來再有兩家電訊商取得牌照，並推出同類服務，包括其士傳訊的「步步通」、訊聯電信的「經緯站」。另外還有一家取得牌照的香港電訊旗下品牌 CSL 原本打算以「點點通」的名稱推出 CT2 服務，估計最終因為商業回報考量，沒有推出服務，現在看來這可能是一個頗合乎商業原則的決定。

正如金城武在《重慶森林》的一句：「不知從甚麼時候開始，每樣東西上面，都有一個日期」，CT2 的有效日期，卻似乎來得太快。當年 CT2 在香港推出後，需要同時與嶄露頭角的全球行動通訊系統（Global system for mobile communications, GSM）服務競爭。隨著 GSM 流動電話更新換代，功能越加強大，通話費亦不斷下調，CT2 便宜的通話費優勢越來越不明顯，終在四年之後的 1996 年，三間電訊商不約而同在兩個月內停止 CT2 服務。當中，和記主動地把 CT2 用戶順利過渡至雙向網絡，不過並不是把用戶過渡到 GSM，而是取得牌照的分碼多重進接（Code division multiple access, CDMA）制式流動無線電話網絡，並取名為「新幹線」。約有五萬名「天地線」用戶過渡到「新幹線」，這些用戶可免費把電話升級至

Qualcomm QCP-800 CDMA 制式電話，通話費比 GSM 便宜，卻能享有與 GSM 同等功能的服務。和記隨後大力宣傳新幹線服務，邀請黎明在三年間拍了八個宣傳新幹線的廣告，在 1998 年底達到 44 萬用戶的高位。

1987 年的 Unitacs 338 流動電話

俗稱「水壺」的 Motorola MH1

上｜其士傳訊的「步步通」
下｜和記傳訊「天地線」

3G 年代

世界各地於 2000 年中開始採用第三代流動通訊技術（3rd generation mobile communication technology, 3G）。採用這技術的通訊系統能將無線通訊與國際網際網路結合，亦即「上網」，同時可以傳送語音、電子郵件和即時通訊（簡訊），而且傳送速度快，速率一般每秒可達幾百千比特（Kbps）以上。香港的城市環境地少人多，為了應付多人能同時在狹小空間使用流動電話，頻段的數目便成了此技術需要克服的一大挑戰。最初引入香港的 GSM 系統使用的頻段只得 900 兆赫（MHz），其基站有效範圍可達半徑 35 公里，換句話說在這個範圍外，頻段就不能夠用了。3G 的後期改良規格又被稱為「3.5G」，可以讓使用者享用每秒 7.2 兆比特（Mbps）到 42 兆比特的下載速率。此時的流動電話越來越重視安全性，加強個人隱私的保障，同時進一步研發商業數據，從而引入更多的多媒體功能，不再只是個人的用於簡單通訊的流動電話，而是提供了更多選擇及強勁功能，並與個人電腦融為一體的設備。

4G 及 5G 年代

具備第四代流動通訊技術（4th generation mobile communication technology, 4G）功能的智慧型流動電話，能夠在網上進行各種操作，而最高網絡速度為每秒 100 兆比特，每平方公里最多可同時支援一萬台設備。由於 4G 電話功能上已類似於小型電腦，因此 4G 網絡不僅是可以被視為一個提供高速電話通訊的數位網路，也可被理解為一個可以隨著基地台（Base station）的擴展而增強使用範圍的龐大網際網路服務網絡。

隨著流動網絡需求持續高速增長，各大廠商預計在不久的將來將推出一個比 4G 更先進的網絡系統。在 4G 剛推出市場之際，各廠家已急不及待研發第五代流動通訊技術（5th generation mobile communication technology, 5G）網絡，當時的目標網速是每秒 10 千兆（Gbps）。5G 網絡把流動通訊細分成三個應用範疇：增強型移動寬頻（eMBB），是 4G-LTE 的後繼技術，可應付更高數據用量的需求；超高可靠低延遲通訊（URLLC），用於對時延和可靠性具有極高指標要求的應用場景，如自動駕駛及手術；大規模機器類型通訊（mMTC）：足以支援每平方公里範圍內 100 萬個設備同時運作。

曾幾何時，想知天下大事、大小新聞，往往要等待電台或電視台的新聞報道，而流動通訊直接把原本已經瞬息萬變的世界變得更讓人應接不暇。一機在手，世事都可在一秒間直遞面前，圖文並茂，聲畫皆備。用戶不但能接收訊息，更能即時參與其中，在各大社交平台、討論區等評論一番。5G 不僅是一種通訊技術的升級，更是推動社會各個領域轉型的催化劑。它進一步改變了人們的生活方式與社會互動。由 1871 年海底電報電纜在香港薄扶林鋼線灣著陸，至今天智能電話的普及，這 150 多年間經歷了革命性的變革。目前引起了全球關注的「6G 通訊技術」仍在開發階段，相信很快就會面世，為通訊技術帶來重大突破。

註

第 1 章

1 *Hong Kong Daily Press*, 16 February 1878.
2 *The China Mail*, 1 December 1881.
3 《華字日報》，1895 年 2 月 16 日。
4 《華字日報》，1905 年 7 月 5 日。
5 *The Hongkong Telegraph*, 5 February 1883.
6 馬冠堯：《戰前香港電訊史》，三聯書店（香港）有限公司，頁 143。
7 同上，160。
8 *The China Mail*, 3 May, 1889.
9 *The China Mail*, 8 June, 1891.
10 *Hong Kong Daily Press*, 28 February 1903.
11 *The China Mail*, 25 September 1905.
12 《華字日報》，1922 年 8 月 19 日。
13 *The China Mail*, 17 April, 1920.
14 *The China Mail*, 19 April, 1920.
15 《華字日報》，1921 年 3 月 30 日。
16 《華字日報》，1922 年 10 月 12 日。
17 《華字日報》，1925 年 2 月 14 日。
18 《華字日報》，1925 年 2 月 14 日。
19 *Hong Kong Daily Press*, 1 July 1925.
20 《工商日報》，1926 年 12 月 29 日。
21 《工商日報》，1929 年 7 月 16 日。
22 《工商日報》，1930 年 5 月 9 日。
23 《工商日報》，1930 年 5 月 12 日。
24 《工商日報》，1933 年 7 月 22 日。
25 《工商日報》，1936 年 8 月 18 日。
26 《工商日報》，1946 年 2 月 8 日。
27 香港電台：《香港故事：民間博物館》第八集，2012 年 11 月 8 日。
28 《工商日報》，1946 年 12 月 17 日。
29 《工商日報》，1947 年 4 月 11 日。
30 《華僑日報》，1948 年 7 月 4 日。
31 《工商日報》，1949 年 2 月 27 日。
32 《華僑日報》，1949 年 8 月 27 日。
33 《華僑日報》，1950 年 6 月 1 日。
34 《工商日報》，1951 年 5 月 15 日。
35 《華僑日報》，1952 年 2 月 10 日。
36 《華僑日報》，1952 年 12 月 26 日。
37 《工商日報》，1953 年 1 月 26 日。
38 《工商日報》，1954 年 1 月 4 日。
39 《工商日報》，1954 年 8 月 26 日。
40 《華僑日報》，1954 年 9 月 8 日。
41 《工商日報》，1955 年 2 月 3 日。
42 《華僑日報》，1956 年 6 月 20 日。
43 《華僑日報》，1958 年 4 月 19 日。
44 《華僑日報》，1959 年 3 月 13 日。
45 《華僑日報》，1965 年 7 月 1 日。
46 《華僑日報》，1966 年 12 月 5 日。
47 《華僑日報》，1968 年 3 月 26 日。
48 《華僑日報》，1968 年 11 月 25 日。
49 《華僑日報》，1970 年 3 月 31 日。
50 《華僑日報》，1969 年 12 月 20 日。
51 *The China Mail*, 5 April 1889.
52 《工商日報》，1926 年 5 月 15 日。
53 *The China Mail*, 21 November 1888.
54 *Hong Kong Daily Press*, 8 February 1903.
55 《工商日報》，1929 年 2 月 15 日。
56 *The China Mail*, 14 June 1922.
57 *The China Mail*, 22 January 1929.
58 《華僑日報》，1951 年 5 月 27 日。
59 《華僑日報》，1961 年 7 月 4 日。
60 《華僑日報》，1961 年 7 月 27 日。
61 《華僑日報》，1961 年 10 月 21 日。
62 《華僑日報》，1962 年 7 月 28 日。
63 《華僑日報》，1962 年 11 月 25 日。
64 《華僑日報》，1963 年 10 月 13 日。
65 《華僑日報》，1964 年 2 月 2 日。
66 《華僑日報》，1964 年 4 月 11 日。
67 《華僑日報》，1964 年 7 月 27 日。
68 《華僑日報》，1965 年 2 月 27 日。
69 《華僑日報》，1967 年 4 月 9 日。
70 《華僑日報》，1967 年 11 月 4 日。
71 《華僑日報》，1968 年 8 月 3 日。
72 《華僑日報》，1971 年 2 月 7 日。
73 《華僑日報》，1971 年 10 月 2 日。
74 《華僑日報》，1981 年 7 月 1 日。
75 《華僑日報》，1989 年 12 月 30 日。
76 香港地方志中心：《香港志．總述 大事記》，中華書局（香港）有限公司，頁 492。
77 《華僑日報》，1953 年 7 月 18 日。
78 *The China Mail*, 5 April, 1889.
79 《華僑日報》，1895 年 8 月 3 日。
80 *Hong Kong Daily Press*, 18 November, 1907.
81 *The China Mail*, 9 June, 1928.
82 《華僑日報》，1948 年 3 月 17 日。

83《華僑日報》，1957 年 7 月 23 日。
84《華僑日報》，1969 年 8 月 5 日。
85《工商日報》，1969 年 11 月 8 日。

第 2 章

1 《華僑日報》，1956 年 2 月 8 日。
2 《華僑日報》，1956 年 4 月 20 日。
3 《華僑日報》，1956 年 12 月 16 日。
4 《華僑日報》，1956 年 12 月 26 日。
5 《華僑日報》，1955 年 2 月 11 日。
6 《華僑日報》，1955 年 2 月 11 日。
7 《工商日報》，1953 年 12 月 20 日。
8 《工商晚報》，1979 年 6 月 1 日。
9 《華僑日報》，1984 年 1 月 24 日。
10 《工商日報》，1926 年 12 月 28 日。

第 4 章

1 《工商日報》，1927 年 2 月 21 日。
2 《工商日報》，1947 年 5 月 9 日。
3 《工商日報》，1947 年 7 月 22 日。
4 《華僑日報》，1949 年 6 月 28 日。
5 《華僑日報》，1949 年 10 月 25 日。
6 《華僑日報》，1951 年 2 月 22 日。
7 《大公報》，1950 年 11 月 26 日。
8 《華僑日報》，1947 年 6 月 19 日。
9 《華僑日報》，1955 年 8 月 15 日。
10 《華僑日報》，1984 年 1 月 24 日。
11 《華僑日報》，1965 年 5 月 4 日。
12 《華僑日報》，1966 年 5 月 18 日。
13 香港知專設計學院：《石漢瑞的圖語世界》（照鏡環印社，2021 年），頁 43。
14 《華僑日報》，1958 年 4 月 17 日。
15 《華僑日報》，1971 年 8 月 9 日。
16 《華僑日報》，1966 年 2 月 1 日。
17 《華僑日報》，1952 年 5 月 11 日。
18 《華僑日報》，1953 年 4 月 4 日。

第 5 章

1 通訊事務管理局辦公室：〈香港無線通訊服務的主要統計數字〉，https://www.ofca.gov.hk/filemanager/ofca/tc/content_108/wireless_c.pdf，2025 年 2 月 28 日擷取。
2 通訊事務管理局辦公室：〈2012 年前的電訊里程碑〉，https://www.ofca.gov.hk/tc/news_info/milestones/telecommunications_milestones_before_2012/index.html，2025 年 2 月 28 日擷取。

後記

筆者對電話的認知來自四個階段。第一個階段是由 1969 年加入香港電話公司做維修技術員，跟入行很久的老師傅外出工作，茶餘飯後，聽他們憶述當年的工作點滴和所見所聞。雖然資料零碎，但都已使筆者著迷，好像回到昔日年代。第二個階段是筆者在日常工作中的體驗和經歷。因工作需要，筆者經常被調到其他部門幫手，所以更能深入了解有關電話的運作及轉變。第三個階段是 1980 年代筆者自發從互聯網中翻查電話資料，當時找到很多有關電話的歷史記載，但有關香港電話的歷史則很少，尚未滿足。第四個階段是筆者翻閱上百份舊報紙，企圖能搜集更多資料。當時筆者無意中看見一份舊報紙，報道了一段有關香港電話的新聞，頓然醒覺，原來可從報章上找到自己想要的資料。報章上，有登載日期、事件內容、過程等資料，就好像閱讀電話的日記一樣。自此筆者每天都到中央圖書館，翻閱幾份舊報紙，花了多年時間，將剪報資料編成以每年為單位的冊子，至今只存到 1970 年。

希望能搜集更多資料加以整理，務求精益求精，繼續編寫香港電話的故事。

鳴謝

在筆者認識的朋友中，很多都是收藏家，這次編寫本書，他們都出了不少力，除了提供很多罕有單據及文獻，還有相贈一些珍貴電話，令本書增輝不少，謹此鳴謝，以表謝意。以下排名不分先後：

香港電話公司、李小燕、馮永權、黎小楓、陳創新、楊波、何家興、姚永祥、李志偉、王永進、陳志輝、張金堂、曾慶昌、龔達榮、李可維。

[書名] 香港電話——早期電話史與原理
[作者] 羅肇忠

[責任編輯] 羅文懿
[書籍設計] 姚國豪
[藏品攝影] 姚國豪

[出版] 利文出版社
香港北角英皇道四九九號北角工業大廈二十樓
Lee Man Publication
20/F., North Point Industrial Building,
499 King's Road, North Point, Hong Kong

[香港發行] 香港聯合書刊物流有限公司
香港新界荃灣德士古道二二〇至二四八號十六樓
[印刷] 美雅印刷製本有限公司
香港九龍觀塘榮業街六號四樓A室
[版次] 二〇二五年四月香港第一版第一次印刷
[規格] 十六開（170mm × 240mm）二九六面
[國際書號] ISBN 978-962-988-146-7

©2025 Lee Man Publication
Published & Printed in Hong Kong, China

本出版物獲第三屆「想創你未來—初創作家出版資助計劃」資助。該計劃由香港出版總會主辦，文創產業發展處資助。

鳴謝：
主辦機構：香港出版總會
贊助機構：文創產業發展處

「想創你未來——初創作家出版資助計劃」的免責聲明：
香港特別行政區政府僅為本項目提供資助，除此之外並無參與項目。在本刊物／活動內（或由項目小組成員）表達的任何意見、研究成果、結論或建議，均不代表香港特別行政區政府、文化體育及旅遊局、文創產業發展處、「創意智優計劃」秘書處或「創意智優計劃」審核委員會的觀點。